Anja Burkel

PR für Schulen

Grundwissen, Tipps und Tricks

Ⓐ Auer Verlag GmbH

Anmerkung: Für die bessere Lesbarkeit wird in diesem Buch auf die doppelte Nennung von Lehrer und Lehrerin, Schüler und Schülerin zugunsten der männlichen Form verzichtet. Die Lehrerinnen und Schülerinnen sind selbstverständlich ebenso angesprochen.

Gedruckt auf umweltbewusst gefertigtem, chlorfrei gebleichtem
und alterungsbeständigem Papier.

1. Auflage 2007
Nach den seit 2006 amtlich gültigen Regelungen der Rechtschreibung
© by Auer Verlag GmbH, Donauwörth
Alle Rechte vorbehalten

Illustrationen: Julia Flasche, Berlin
Satz: TypoGrafik S. Kampczyk, Mering
Druck und Bindung: R. N. Aubele GmbH, Bobingen
ISBN 978-3-403-04795-7

www.auer-verlag.de

Inhalt

Inhalt

Schule ist kein Shampoo

Spätestens seit „PISA" stehen Schulen im Scheinwerferlicht des öffentlichen Interesses – und damit, gut ausgeleuchtet, im Blickfeld der Medien. Zeitungen führen heute Sonderseiten mit Titeln wie „Generation Schule", Radio- und Fernsehsender widmen sich immer öfter den Neuigkeiten aus dem Klassenzimmer. Und während der Magazinmarkt Zeitschriften à la „Focus Schule" hervorgebracht hat, gibt es im Internet Seiten wie www.schulspiegel.de.

Schule interessiert. Vielleicht wegen des Rummels um PISA. Vielleicht, weil jeder Zeitungsleser, Radiohörer und Fernsehzuschauer selbst einmal Schüler war. Vielleicht aber auch, weil Bildungsthemen einen vagen Blick in die Zukunft gewähren. Denn schließlich stellen Schulen schon jetzt die Weichen für das spätere Leben unserer Kinder.

Schulen entdecken ihrerseits die Medien. Es gibt viele Gründe, warum sie in Zeitungsartikeln glänzen wollen: Der Träger wünscht es sich so. Die Schülerzahlen sinken. Das Profil braucht neuen Schliff. Eltern sollen gelockt werden. Die Schule hat Imageprobleme. Es mangelt an Geld. Und das Konkurrenzgymnasium scheint doch auch dauernd in der Zeitung auf.

Also üben sich viele Schulleiter und Lehrer heute, neben Unterricht und Verwaltung, auch in Public Relations. Keine leichte Aufgabe. Denn statt eines PR-Stabs mit üppiger Multimedia-Ausrüstung stehen oft nur die eigene Kreativität, eine private E-Mail-Adresse und die Abendstunden nach dem Korrigieren zur Verfügung. Zudem transportiert das allgemeine Interesse an Schulen nicht jedes Thema in die Zeitung: Vorschläge scheinen an der Redaktion abzuprallen, Pressekonferenzen bleiben unbesucht – aber wenn im Winter an der Schule der Strom ausfällt, wird das prompt im Radio kommentiert.

Wie, bitteschön, sollen Schulen sich unter so unwirtlichen Bedingungen positiv darstellen? Das vorliegende Buch soll diese Frage erhellen. **Schon vorweg: Erfolgreiche Schul-PR ist eine Gratwanderung.** Einerseits schadet vornehme Zurückhaltung. Wenn die Zeitung von einem Projekt nichts weiß, kann sie nicht darüber berichten. Andererseits schadet Marktschreierei. Schule ist kein Shampoo. Aggressive Werbung mit vielen Ausrufezeichen schreckt Journalisten ab und nagt am seriösen Image.

Auf dem Grat zwischen Stillschweigen und Shampoowerbung aber kann Schul-PR sehr gut gelingen. **Mit einfachen Handwerksregeln und einem Perspektivenwechsel:** Die Schule will in die Zeitung – aber was will die Zeitung? Wer die Arbeitsbedingungen, Wünsche und Handwerksregeln der Medien kennt, weiß auch um gute Öffentlichkeitsarbeit.

Jedoch erschöpft sich PR nicht in Pressearbeit, sondern reicht von der Schulhausgestaltung über die Internetseite und das Schullogo bis hin zur Sponsorenakquise. Dieses Buch soll zeigen, wie Bildungsstätten sich in allen Bereichen optimal darstellen können – und das mit den mageren Mitteln, die Schulen heute zur Verfügung stehen. Am besten, Sie lesen das Buch hübsch ordentlich Seite für Seite. Falls Sie jedoch just heute eine Pressemitteilung formulieren oder eine Pressekonferenz organisieren müssen, können Sie auch im Zickzackkurs von Kapitel zu Kapitel springen. Es gibt genügend Querverweise zu wichtigen Aspekten in anderen Teilen des Buchs.

Ich wünsche Ihnen viel Freude beim Lesen und viel Erfolg für Ihre PR-Arbeit.

Anja Burkel

1 Das Lehrerzimmer als PR-Büro

1.1 Wer gibt den Pressesprecher?

Große Firmen haben Pressestellen. Dort arbeiten Menschen, die den ganzen Tag nichts anderes tun, als Pressemitteilungen zu schreiben, Journalisten anzurufen und Pressekonferenzen zu organisieren. Diese Ausstattung haben Schulen freilich nicht; für aufwendige PR-Kampagnen fehlt es an Zeit und Geld. Trotzdem wird heute von ihnen verlangt, sich in der Öffentlichkeit darzustellen, ihr Profil transparent zu machen und zu diesem Zweck auch mit den Medien in Kontakt zu treten.

Per Ländergesetzen ist es der Schulleiter, der die Schule nach außen, also auch gegenüber den Medien, vertritt. Immer öfter gehen Schulen aber dazu über, einen Lehrer zum Pressesprecher zu berufen. Wer sollte das sein? Ich finde: Jemand, der diesen Zusatz-Job gern übernimmt. Mit einem Kollegen, dem Telefongespräche und freies Reden Gräuel sind, dürfte die Schule in Sachen PR wenig Erfolg haben – und ihn selbst wird der Posten unglücklich machen.

Ob nun der Schulleiter die Öffentlichkeitsarbeit übernimmt oder ein Lehrer – beide Alternativen sind denkbar. Bei bestimmten Projekten kann der Pressesprecher es auch einmal Eltern oder Schülern überlassen, sich an die Medien zu wenden. Wichtig ist allerdings, dass er sich vorher mit ihnen abspricht. Und: Ein Pressesprecher sollte sich über alle Anfragen und Themen im Kern mit dem Schulleiter austauschen. Dieser sollte den Pressesprecher mit einer Mitteilung am Schwarzen Brett und auf der Internetseite vorstellen. Es ist schon deshalb wichtig, die PR-Ambitionen intern zu verkünden, damit die ganze Schule sie mittragen kann.

Der Text neben seinem Foto könnte zum Beispiel lauten:

Liebe Schulgemeinschaft der St. Anna-Realschule!

An unserer Schule passiert viel – künftig wollen wir das auch in der Öffentlichkeit besser darstellen. Deshalb wird Deutschlehrerin Bianca Haber uns von nun an als Pressesprecherin vertreten. Anfragen von Journalisten sollten künftig an sie weitergeleitet werden. Schüler, Eltern und Lehrer bitten wir um Mithilfe bei der PR.

Frau Haber freut sich über Hinweise auf interessante Projekte, Kurse und Entwicklungen an unserer Schule. Sie ist zu erreichen unter Telefon … und E-Mail …

Mit besten Grüßen, der Schulleiter

1.2 Aufgaben und Ressourcen

Zur Öffentlichkeitsarbeit einer Schule gehört:

- ▶ die Schule intern darzustellen – am Schwarzen Brett, mit Schaukästen und Ausstellungen
- ▶ die Schule extern darzustellen – etwa mit der Aufmachung des Schulgebäudes, der Gestaltung eines Logos und dem Zusammenstellen eines Waschzettels mit wichtigen Schuldaten
- ▶ Medien über interessante Projekte, Entwicklungen und Veranstaltungen an der Schule zu informieren – mit Pressemitteilungen, aber auch telefonisch
- ▶ Journalisten bei Anfragen als Ansprechpartner zu dienen – und in Krisensituationen professionell zu reagieren
- ▶ Pressekonferenzen zu besonders wichtigen Themen zu organisieren
- ▶ die Internetseite zu pflegen
- ▶ einen Pressespiegel in Gestalt eines Ringbuchordners zu führen, in dem Medienberichte über die Schule abgeheftet werden – Zeitungsberichte als Ausdruck, Radio- und Fernsehberichte als CD
- ▶ bei Fehlern in der Berichterstattung Lösungen zu finden – am besten gemeinsam mit dem Medium
- ▶ gegebenenfalls Sponsoren aufzutun

Puh. Realistisch betrachtet kann ein einzelner Mensch das, neben dem Unterrichtsalltag, nicht allein bewältigen. Dem Pressesprecher, ob Schulleiter oder Lehrer, rate ich deshalb unbedingt: **Spannen Sie Kollegen, Schüler und Lehrer für Ihre PR-Aktivitäten ein!** Gegenüber der Presse agiert der Sprecher als Hauptverantwortlicher – im Hintergrund können aber viele mitwirken: Einige Schüler zeichnen vielleicht besonders gut, ein Lehrer ist Hobby-Heimwerker, eine Mutter besitzt eine Druckerei oder hat entsprechende Kontakte. Warum ein Design-Büro mit der Gestaltung eines Schullogos beauftragen, wenn Sie einen engagierten Kunst-LK haben? Warum nicht eine „Arbeitsgemeinschaft PR" gründen, die Ausstellungsflächen bestückt, bei Pressekonferenzen hilft, die Internetseiten pflegt?

Von diesen Erfahrungen profitieren die Jugendlichen auch nach der Schule noch – schließlich bietet die Öffentlichkeitsarbeit heute ein riesiges Berufsfeld. Überprüfen Sie auch, wie sich einzelne Fächer, Jahrgangsstufen, Projekte und AGs in Sachen PR einbringen können.

Damit sparen Sie sich selbst viel Mühe und der Schule Geld. Zugleich integrieren Sie die Schulgemeinschaft in Ihre Öffentlichkeitsarbeit. In den folgenden Kapiteln finden Sie stets Hinweise, welche Aufgaben sich wie delegieren lassen.

1.3   Interne Kommunikation

Öffentlichkeitsarbeit beginnt nicht erst außerhalb der Schulpforten. Schon intern kann die Schule kommunizieren, was sie anbietet.

✓ Schwarzes Brett

Ein Schwarzes Brett gibt es wohl an jeder Schule. Manche davon fristen ein trauriges Dasein: Unbeachtet in einem dunklen Flur der Schule, überwuchert von angegilbten Zetteln. Dabei kann das traditionelle Schwarze Brett ein erstklassiges Kommunikationsforum abgeben. Gönnen Sie ihm zu diesem Zweck eine Verschönerungs- und Verjüngungskur:

▶ Auch wenn es wehtut: Werfen Sie alles in den Müll, was nicht mehr aktuell ist – oder hängen Sie es an anderer Stelle auf. Am Schwarzen Brett soll wirklich nur Aktuelles hängen.

▶ Schonen Sie lediglich Pflichtaushänge und bündeln Sie sie in einer Ecke des Schwarzen Bretts.

▶ Es muss nicht immer schwarz sein. Vielleicht kommt ein Buntes Brett besser an bei den Schülerinnen Ihres Mädchen-Gymnasiums? An Grundschulen würde ich statt Pinnwänden aus Sicherheitsgründen Magnettafeln empfehlen.

▶ Achten Sie auch bei neuen Zetteln streng darauf, dass sie stets aktuell sind. Nur so schaffen Sie es, das Interesse am Schwarzen Brett wachzuhalten.

▷ Die Texte am Schwarzen Brett sollten nicht zu lang sein, das schreckt Lesewillige ab. Beschränken Sie sich auf Zusammenfassungen. Und verweisen Sie auf weiterführende Informationen auf der Internetseite.

▷ Wählen Sie für das Schwarze Brett einen Ort, an dem Schüler, Eltern und Lehrer verweilen, nicht nur vorbeirennen: vor dem Lehrerzimmer, am Schulkiosk oder vielleicht in der Eingangshalle.

▷ Anschläge mit Bild werden lieber gelesen.

▷ In sehr großen Schulen kann es sich lohnen, mehrere Schwarze Bretter aufzuhängen. Natürlich ist der Aufwand höher, weil alle Anschläge kopiert werden müssen – aber dafür sind sie auch doppelt so wirksam.

✓ Interne Information

▷ **Infokasten:** Weiterer Standard sollte ein Glaskasten sein, in dem alle für Eltern und Schüler wichtigen Daten aufgelistet sind: Die Namen von Lehrern, Sekretärinnen, Schulleitern und Hausmeister, Telefonnummern, Sprechstunden, Zimmernummern...

▷ **Schülervertretung:** In einem weiteren Glaskasten stellen sich die Mitglieder der Schülervertretung vor. Nicht nüchtern in Schwarz-Weiß, mit Name und Schulklasse, sondern mit Fotos und Angaben zu Hobbys, Lieblingsmusik, Lieblingsessen … Die Aushänge gestalten die Schüler selbst.

▷ **Wandschmuck:** Darüber hinaus spiegelt sich das Schulleben an den Wänden wider. Egal ob Eltern, Großeltern oder Journalisten die Schule besuchen: So sehen sie auf den ersten Blick, was hier außer Unterricht noch geboten wird. Auf riesigen Klebewänden stellen sich Arbeitsgemeinschaften, Projekte und Wahlkurse vor: mit Fotos, Texten, Arbeitsproben und Kommentaren der Schüler.

▷ **Ausstellungen:** Vitrinen und Wände mit Kunstwerken der Schüler sollten regelmäßig neu bestückt werden, etwa alle zwei Monate. Das macht sie für den Betrachter interessanter und belebt das Erscheinungsbild der Schule. Außerdem spornt es die Schüler an, etwas Ausstellungswürdiges zu schaffen.

✓ Information für Besucher

▷ **Wegweiser:** Für Besucher sind im ganzen Haus Schilder angebracht, die den Weg weisen – zum Sekretariat, zur Aula, zur Schulmensa, zu den Toiletten. Nichts ist ärgerlicher, als durch ein schlecht ausgeschildertes Gebäude zu irren.

▷ **Internationale Begrüßung:** An Ihrer Schule lernen viele Nationalitäten zusammen? Dann bringen Sie doch interkulturelle Begrüßungsschilder in den Sprachen der einzelnen Heimatländer an. So können sich ausländische Kinder und Eltern besser mit der Schule identifizieren.

✓ Schülerzeitung

Auch Schülerzeitungen fördern die interne Kommunikation. Hier können Schüler im Rahmen des Grundgesetzes ihre Meinung frei äußern; Leser sind vor allem andere Schüler, aber auch Ehemalige, Lehrer und Eltern. Auch Schülerzeitungen müssen in Deutschland ein Impressum aufweisen, in dem die Redaktionsadresse und ein Verantwortlicher im Sinne des Presserechts, also der Herausgeber, aufgeführt sind. Wegen der Bildungshoheit der Länder unterscheidet sich die Rechtslage in den einzelnen Bundesländern.

Zu beachten ist der rechtliche Unterschied zwischen Schülerzeitung und Schulzeitung. Bei einer Schulzeitung ist der Herausgeber die Schule, vertreten durch den Schulleiter.

Tipps im Internet

▶ www.schulspiegel.de: Hier gibt es Schülerzeitungswettbewerbe.

▶ www.schuelerzeitung.de: Tipps zu Layout, Druck und Finanzierung; Schülerzeitungswettbewerbe.

▶ www.jugendpresse.de: Hier finden sich Informationen zu Rechten und Pflichten von deutschen Schülerzeitungen.

▶ www.schulweb.de: Hier kann man die eigene Schülerzeitung registrieren lassen.

✓ Schulradio

Auch ein Schulradio, von Schülern weitgehend selbstständig gestaltet, kann die interne Kommunikation in Schwung bringen. Entweder wird die ganze Schule über die Lautsprecheranlage beschallt, oder es wird nur in bestimmten Räumen gesendet. Immer öfter bieten professionelle Radiosender auch Kooperationen an. Das Programm läuft freilich nur in den Pausen – mit Sangesproben der Schulband, Lehrerinterviews, Schülerumfragen und kleinen Reportagen. Ob ein Schulradio angeschafft wird, sollte die Schulgemeinschaft gemeinsam entscheiden. Denn dem Programm kann man sich später oft nur schwer entziehen; das kann zu Konflikten führen.

1.4   Die Aufmachung der Schule

Der Namenspatron eines Bayreuther Gymnasiums, Graf Münster, wirkte seinerzeit als Paläontologe. Noch heute prägt sein Andenken das Bild der Schule: Im Pausenhof dient eine stilisierte Saurierfigur aus Muschelkalkstein als Treffpunkt; Fußbodenplatten und Treppenstufen sind aus Naturstein und bergen versteinerte Tier- und Pflanzenreste; und auch das Schullogo zeigt einen Dinosaurier. Ein gutes Beispiel, wie man Schulgebäuden mit einfachen Mitteln eine charaktervolle Optik verleihen kann.

✓ **Gebäude**

Noch ein Beispiel: Eine Münchner Hauptschule stand als schwarzgetäfelter Beton-block lange in gefährlichem Ruf. Im Zuge einer Erneuerung des Schulprofils wur-de auch die Fassade freundlicher gestaltet. Heute zieren bunte Plastikmännchen im Stile Keith Harings die Schulwand; sie scheinen an der Fassade emporzuklettern und hoch auf dem Dach in den Himmel zu jubeln. Die Figuren haben das Erscheinungs-bild der Schule völlig verändert – zum Positiven.

Eine andere Münchner Hauptschule konnte den Graffiti-Künstler „Loomit" dafür gewinnen, gemeinsam mit Schülern das Gebäude zu verzieren. An der Wand der Pausenhalle scheint eine bunte Kuh durch die Luft zu fliegen, am Eingang begrüßt ein Graffiti-Porträt des Namensgebers Albert Schweitzer die Besucher. Schulen lassen sich oft mit einfachen Mitteln verschönern. Kinder und Jugendliche empfin-den es meist als Ehre, dabei zu helfen. Das stärkt auch ihre Identifikation mit der Schule.

Einige Beispiele:

▶ Ein neuer Fassadenanstrich kann den Charakter eines Schulhauses kom-plett verändern. Vielleicht findet sich ein Malerbetrieb, der Ihnen beim Preis entgegenkommt (siehe Kapitel 10, *Sponsoring*)? Bevor Sie das Ge-bäude aber schweinchenrosa oder himmelblau färben lassen: Betrachten Sie ein digitales Bild des Schulhauses am Computer in verschiedenen Farb-nuancen. Und entscheiden Sie gemeinsam mit Kollegen, Eltern und Schü-lern über die neue Farbe.

▶ Der Kunst-Leistungskurs schafft eine wetterfeste Plastik für den Schulhof, die in Form und Farbe mit dem Schullogo korrespondiert.

▶ Die AG Schulgarten weitet ihre Anstrengungen auf den Pausenhof aus – und pflanzt dort Bäume, Sträucher und Blumen in selbstbemalte Kübel. Vielleicht unterstützt das örtliche Gartencenter die Pausenhof-Begrünung mit Pflanzen und handwerklichen Tipps (siehe Kapitel 10, *Sponsoring*)?

▶ Abschlussjahrgänge dürsten nicht selten danach, sich an ihrer alten Schule zu verewigen. Falls der Schulleiter einverstanden ist: Ermutigen Sie sie, ei-ne Hall of Fame im Schulflur zu gestalten, Ihre Hände neben einem Stern in frischen Beton zu drücken oder ihre Gesichter in Gips auszustellen. So wird die Schule schöner – und die Ehemaligen kommen gerne wieder zu Besuch, um ihr Denkmal zu besichtigen.

▶ Ein Problem an Schulen ist manchmal Vandalismus in den Toiletten. Dem könnte eine Kunstaktion entgegenwirken. Schüler bemalen Türen und Wände und rahmen die Spiegel nach ihrem Geschmack. Die Hemmschwel-le, ein selbst verziertes Klo mutwillig wieder zu verunstalten, dürfte dabei wachsen.

✓ Corporate Design

Optische Reize machen auf die Schule aufmerksam und schaffen Identifikation. Zum visuellen Erscheinungsbild der Schule, dem Corporate Design, zählen:

▶ Logo

▶ Schrift

▶ Farbwahl

Generell sollte man auf eine einheitliche Aufmachung achten, bei der Gebäude, Logo, Internetauftritt und Drucksachen korrespondieren: Zum Flachdachbau eines mathematisch-naturwissenschaftlichen Gymnasiums passen unter Umständen eher eine moderne Schrift, kühle Farben und ein frisches Logo.

Logo

Ein Logo lässt sich als Hingucker auf Schulmauern, Briefen, der Internetseite, dem Waschzettel, auf Plakaten und Schul-T-Shirts einsetzen. Auch auf Pressemitteilungen dient es als Blickfang. Schließlich bekommt der Redakteur ansonsten einen Wust schwarz-weiß bedruckter Briefe. Wie langweilig! Weitere Einsatzmöglichkeiten für das Logo: Stundenpläne, Faxe, E-Mails, Lehrer-Visitenkarten, Pressemappen, Adressaufkleber oder der Schuljahresbericht. Aber wie kommt man an ein schmuckes Logo?

▶ Vielleicht findet sich ein Designbüro, das Ihre Schule mit der Gestaltung eines Logos unterstützt? Alternative: Eine begabte Klasse mit dem Entwurf betrauen – vielleicht im Rahmen eines Wettbewerbs „Schullogo". Ansonsten: Vielleicht gibt es eine Fachhochschule für Grafik, Mediendesign oder Ähnliches in der Nähe, die dem Thema „Schullogo" ein Seminar widmen will? Oder fühlt sich ein Kunstlehrer berufen?

▶ Das Logo kann aus wenigen Buchstaben, einem einfachen Bild oder einer Kombination beider Elemente bestehen. In jedem Fall muss das Motiv etwas mit der Schule oder ihrem Titel zu tun haben. Beispiele: Es spielt mit zwei roten Kirschen auf den Straßennamen „Am Kirschenweg" an oder zeigt, in Popart verfremdet, das Gesicht des Namensgebers Melanchthon. Zudem können die Initialen der Schule – AWG für Adolf-Weber-Gymnasium etwa – ins Logo eingearbeitet sein. Das Logo kann auch mit anderen Motiven im Schulhaus korrespondieren – zum Beispiel einer Büste des Namensgebers im Foyer, einer Skulptur im Schulhof oder der Architektur des Gebäudes.

▶ Das Logo sollte möglichst einfach gehalten sein. Denken Sie an die Zeichen wirklich bekannter Marken: das magentafarbene Telekom-T, das Pommes-artige McDonalds-M, den Mercedes-Stern! Der Betrachter muss den Inhalt auf den ersten Blick erfassen können, auch im Vorbeigehen oder aus der Ferne.

▶ Auch im Schwarz-Weiß-Ausdruck muss es noch verständlich sein – auf feine Farbabstufungen sollten Sie deshalb verzichten.

Schrift

Verständigen Sie sich auf eine Standard-Typografie, die fortan bei allen Schriftzügen verwendet wird. Diese sollte zur Schule passen, leicht lesbar sein (also keine verschnörkelte Schreibschrift) und sich leicht mit gängigen Computerprogrammen reproduzieren lassen.

▶ Auch wenn die Typografie-Vorlage des Computerprogramms zig exotische Schriften anbietet: Verwenden Sie höchstens zwei unterschiedliche Arten und bevorzugen Sie einfache Schriften wie Helvetica. Diese können Sie dann noch variieren – zum Beispiel als „Helvetica Narrow" oder in einer anderen Schriftgröße.

▶ Beschränken Sie sich auf eine Art, Worte hervorzuheben. Verwenden Sie entweder Fettschrift oder Unterstrich, nicht beides auf einmal – das wirkt überladen und uneinheitlich.

▶ Wählen Sie die Schrift stets so groß, dass sie noch bequem lesbar ist.

▶ Bei Auflistungen: Mischen Sie nicht Sternchen, Quadrate und Zahlen als Markierungspunkte. Legen Sie sich auf eine Art fest.

Farbwahl

Eine einheitliche Farbwahl steigert den Wiedererkennungswert: Das Blau des Logos findet sich in feinen Farbstreifen auf der Pressemitteilung wieder, im Anstrich des Schulgebäudes und auf der Internetseite. Suchen Sie einen Grundton heraus, der zur Schule passt: strahlendes Gelb für die Schule am Kornfelderweg oder kühles Blau für das mathematisch-naturwissenschaftliche Gymnasium. Der Hauptfarbe können Sie eine weitere Farbe zur Seite stellen. Vorsicht: Allzu knallige Töne nebeneinander erzeugen den unschönen Bauklötzchen-Stil. Und: Wählen Sie Farben aus, die mit den gängigen Computerprogrammen einfach zu reproduzieren sind und nicht erst umständlich gemischt werden müssen.

Beispiele für Schul-Logos

Einen Dinosaurier zeigt das Logo des Graf-Münster-Gymnasiums in Bayreuth. Der Namenspatron der Schule entdeckte das erste Saurierskelett in Europa. Das Logo wurde von Kunsterziehern geschaffen und repräsentiert den hohen Stellenwert der Naturwissenschaften an der Schule. Unter anderem wird der Saurier auf Schul-T-Shirts, Schals, Handtücher, Hemden sowie Teller und Tassen gedruckt.

Das Logo der Schule Ohrnsweg in Hamburg wurde von der Agentur „diekomplizen" entworfen, die die Schule sponsert. Ein Sprecher der Schule erklärt dazu: „Das Logo soll vermitteln, dass Kinder unterschiedlichen Geschlechts, unterschiedlicher Hautfarbe und Herkunft gerne in unsere Schule (hinein-) gehen."

Das Logo der Freien Grundschule Pankow wurde von Studenten der Kunsthochschule Weißensee entwickelt. Eine Sprecherin der Schule sagt: „Das Häuschen steht für das Schulhaus, und das Krickelige, Wackelige zeigt sehr schön, dass wir nicht besonders ordentlich und geradlinig sind, sondern eher unberechenbar und veränderbar. Das Haus bietet Halt, Sicherheit, einen Rahmen, kann aber von Menschen verändert werden."

An der Alfred-Teves-Schule in Gifthorn hat ein Lehrer das Logo entworfen. Die Schule teilt dazu mit: „Es soll symbolisch daran erinnern, dass Schule nur funktioniert, wenn Teamgeist, Zusammenhalt, gemeinsames Handeln unter Schülern und Schülerinnen, Lehrern und Lehrerinnen sowie den Eltern herrscht. Die comicartige Grafik eignet sich äußerst gut, um den Charakter einer Grund- und Hauptschule zu untermalen."

Abdruck mit freundlicher Genehmigung der einzelnen Schulen.

✓ Schulbroschüre

Alle nötigen Informationen sollten auf der Internetseite der Schule zu finden sein. Allerdings ist es manchmal praktisch, Besuchern eine Broschüre in Papierform in die Hand geben zu können. Diese sollte vor allem einen klaren und aufgeräumten Eindruck machen. Deshalb:

▶ Unterteilen Sie den Text in Absätze, statt ihn nonstop durchlaufen zu lassen.

▶ Lassen Sie links und rechts, oben und unten den gleichen Rand. Das dient dem Schriftbild als Rahmen.

▶ Das Logo muss schon auf der Titelseite der Broschüre aufscheinen.

▶ Beschränken Sie sich auf wenige Farben, die die Schule für ihr Corporate Design festgelegt hat. Das gilt natürlich nicht für die Fotos.

▶ Bilder beleben die Broschüre – allerdings sollte man sie nicht mit Fotos überfrachten. Auf dem Titel sollte ein Foto des Schulhauses zu sehen sein, am besten mit einigen Schülern im Vordergrund. Auf den nächsten Seiten folgen weitere Bilder.

▶ Verzieren Sie die Broschüre nicht unnötig mit Zeichnungen – lachenden Gesichtern, lustigen Schultafeln etc. Verzichten Sie vor allem auf lieblos gestaltete Standard-Icons.

Meiner Meinung nach ist eine ansprechend gestaltete Internetseite für eine Schule heute unabdingbar; eine papierne Hochglanzbroschüre dagegen nicht unbedingt. Ihre Nachteile: Sie ist oft teuer im Druck und muss bei Änderungen der Daten – zum Beispiel gestiegener Schülerzahl – aufwendig neu publiziert werden. Aktuelle Projekte können deshalb erst recht nicht bedacht werden.

Außerdem können allzu bunte Schulbroschüren recht kommerziell anmuten, wie Werbezettel für einen Pizza-Service. Wenn der Druck dann noch schlecht oder verschwommen gerät, kann eine Broschüre sogar unprofessionell, billig und unseriös wirken. Eine günstigere Alternative ist ein sogenannter „Waschzettel".

✓ Waschzettel

Unter einem Waschzettel versteht man in der PR-Sprache einen Kurztext, der Redaktionen zur Verfügung gestellt wird. Schwarz-weiß auf einfachem Papier gedruckt, sind auf dem Waschzettel die wichtigsten Informationen stichwortartig zusammengefasst:

▶ Schulname
▶ Adresse
▶ Träger
▶ Telefon- und Faxnummer
▶ Internet- und E-Mail-Adresse
▶ Schülerzahl
▶ Ausrichtung der Schule
(z.B. humanistisch)

▶ Sprachenfolge
▶ besondere Modellprogramme
(z. B. Modellschule für altersübergreifendes Lernen)
▶ besondere Ausstattung
(z. B. Bibliothek, Schwimmbad)
▶ besondere Projekte in Unterricht und Schulleben

Der Waschzettel kommt ohne Bilder aus, führt aber ein Logo in Schwarz-Weiß. Er bietet Eltern, Journalisten und anderen Besuchern der Schule einen guten Kurzüberblick – und verweist für weitere Informationen auf die Internetseite.

1.5 Die Internetseite

Nirgends kann sich die Schule so unmittelbar darstellen wie auf einer eigenen Internetseite – intern wie extern. Intern finden Schüler, Lehrer und Eltern eine Plattform für Austausch und Information. Extern kann die Schule sich vor aller Welt in den strahlendsten Farben präsentieren: mit ihrem Schulgarten, dem Tag der offenen Tür, den Bemühungen um die Integration behinderter Schüler, dem Engagement der Eltern und allen Preisen, die die Schüler in den letzten Jahren eingeheimst haben.

Diese Chance, sich einem riesigen Publikum ungefiltert und ausführlich zu präsentieren, sollten sich Schulen nicht entgehen lassen. Im Vergleich zur Broschüre ist die Internetseite zudem sehr kostengünstig; es entstehen keine Ausgaben für Papier und Druck. Außerdem lassen sich die Daten ohne großen Aufwand jederzeit aktualisieren. Damit wirklich viele Internetnutzer die Homepage besuchen, ist eine einprägsame Adresse nötig: www.sesamschule.de ist zum Beispiel besser als http://wp.gem-tiefenbach.bildung.sesam.de.

Übrigens: Wenn auf der Internetseite wochenlang nur ein Baustellenschild blinkt, wird sie irgendwann niemand mehr aufrufen. Seien Sie am Anfang nicht zu perfektionistisch. Besser, es stehen schon mal die wichtigsten Daten – fehlerfrei! – auf der Seite als gar keine. Weitere Informationen und Seiten werden häppchenweise im Hintergrund vorbereitet.

✓ Gestaltung

Eine Internetseite zu bauen, ist heute nicht mehr schwer. Oft helfen Stadt oder Gemeinde bei der Installation oder bieten Musterseiten. Ansonsten findet sich per Aufruf am Schwarzen Brett sicher ein computerversierter Lehrer oder Schüler. Oder es formieren sich genügend Schüler zu einer „AG Internetseite"? Falls nicht: Sehen Sie sich um nach einer Fachhochschule oder Berufsfachschule für Gestaltung in Ihrer Nähe. Vielleicht wäre es für deren Schüler oder Studenten attraktiv, einmal eine Schul-Internetseite zu entwerfen?

Bei der Gestaltung gibt es einiges zu beachten:

▶ Die Internetseite soll den **Charakter der Schule** widerspiegeln: Das humanistische Gymnasium begrüßt mit einem Vorwort auf Lateinisch; von der Startseite einer Mädchenrealschule lachen drei Schülerinnen.

▶ Das **Erscheinungsbild** sollte übersichtlich und von Unterpunkten durchbrochen sein. Vermeiden Sie lange Durchlauftexte.

▶ Schulinternetseiten sollten seriös, **aber doch lebendig** wirken, die Farben freundlich, aber nicht zu grell.

▶ Die Internetseite ist die **virtuelle Visitenkarte der Schule**. Deshalb muss jede Formulierung in Sachen Grammatik und Rechtschreibung wirklich unangreifbar sein. Kein Vater wird sein Kind an eine Schule schicken, die auf ihrer Internetseite fröhlich Rechtschreibfehler begeht. Jagen Sie die Texte deshalb durch ein Rechtschreibprogramm und lassen Sie sie von mindestens zwei Personen Korrektur lesen.

▶ Die **Bilder** müssen von einwandfreier Qualität sein und dürfen keine schwammigen Umrisse aufweisen.

▶ Zudem sollten alle **Fotos** wirklich aktuell sein; ob ein Foto von heute ist oder aus den 1980er-Jahren, lässt sich unschwer an der Kleidung erkennen. Also keine Schüler von damals zeigen, mit toupierten Stirnhaaren, Moonwashed-Jeans und Blouson-Jacken!

✓ Inhalt

Hier eine Liste von Dingen, die auf der Internetseite unbedingt aufscheinen sollten:

▶ Auf der **Startseite** der Schulhomepage sind der Name der Schule, ihre Adresse, Telefon-, Faxnummer und E-Mail-Adresse zu finden. Außerdem macht sich ein hübsches Foto vom Schulgebäude gut, auf dem möglichst ein paar Schüler zu sehen sind; vor der Veröffentlichung müssen Sie freilich die Eltern um ihre Genehmigung bitten. Falls die Schule ein Logo hat, muss es ebenso auf der Startseite zu finden sein. Links verweisen jeweils auf die Themen der folgenden Seiten.

▶ Unter **Schulinfos** muss alles zu finden sein, was Eltern auf der Suche nach einer geeigneten Schule interessieren könnte. Diese Daten nützen auch Journalisten bei der Recherche. Verzeichnet sein sollten: Schülerzahl, Ausrichtung der Schule, Einrichtungen wie Bibliothek oder Computerraum, besondere Angebote wie Ganztagsunterricht, Behindertenintegration oder Nachmittagsbetreuung, Partnerschulen.

▶ Die **Schulchronik**: Wann wurde die Schule gegründet? Aus welchem Baujahr stammt ihr aktuelles Domizil? Wer waren die Schulleiter in all den Jahren? Eine Chronik gibt einen Überblick über die Geschichte der Schule. Journalisten finden hier Hintergrundinformationen – und für Ehemalige ist es interessant, auf der Homepage ihrer alten Schule in Erinnerungen zu stöbern.

▶ Falls die Schule einen **Namensgeber** hat, sollte er auf der Homepage ein würdiges Denkmal finden. Neben einem Bild des Namenspatrons – vielleicht sogar aus seiner Schulzeit? – wird er in einer Kurzbiografie vorgestellt. Damit zeigt die Schule auch, dass sie Tradition (Namensgeber) mit Moderne (Internetseite) zu verbinden weiß.

▶ Auf einer eigenen Seite können Sie die **Lehrer** des Kollegiums vorstellen; alphabetisch sortiert mit kleinen Porträtfotos, der Fächerkombination und den Terminen ihrer Sprechstunden.

▶ Als besonders netten Service können Sie wichtige **Formblätter** – wie Zettel für „Entschuldigung" oder „Vorzeitige Entlassung aus dem Unterricht" – zum Herunterladen als PDF bereitstellen. Diese müssen die Eltern dann bei Bedarf nur noch ausdrucken, unterschreiben, ihren Kindern mitgeben oder an die Schule faxen.

▶ Unter der Rubrik **Unterricht** sind alle Fächer aufgelistet. Im Bereich „Deutsch" stehen zum Beispiel kleine Berichte über den jüngsten Vorlesewettbewerb, im Bereich „Musik" Hörbeispiele aus dem Unterricht. Außerdem sind die Stundentafeln verzeichnet und Fotos der Fachlehrer abgebildet. Diese Seiten dürfen alles sein, nur nicht fade: Der Bereich „Latein" wird mit Fotos römischer Säulen geschmückt, der Bereich Kunst" mit Popart-Bildern des Kunst-Leistungskurses.

▶ **Schulleben**: Auch Projekte, Arbeitsgemeinschaften, Sportwettbewerbe, Musikveranstaltungen und Theateraufführungen dürfen auf der Internetseite nicht fehlen. Schließlich gehören sie genauso zum Schulalltag wie der Unterricht und lassen sich zudem hervorragend bebildern.

▶ **Interaktiv**: In einem geschlossenen Bereich können Sie den Angehörigen der Schulgemeinschaft ein Kommunikationsforum bieten. Damit es geschützt bleibt vor Zugriffen Dritter, ist eine Akkreditierung nötig. Lehrer, Schüler, Eltern und Ehemalige melden sich in getrennten Bereichen an.

▶ **Sponsoren**: Auch Sponsoren aktueller Projekte finden sich auf der Internetseite wieder – mit einer Beschreibung der unterstützten Projekte und allem Dank, der ihnen gebührt.

2 Medien und ihre Darstellungsformen

Bevor Sie sich bei einer Redaktion melden, brauchen Sie eine grobe Vorstellung, was diese gemeinhin veröffentlicht und welche Stilformen sie pflegt. Und zuallererst benötigen Sie einen Überblick, welche Medien es da draußen überhaupt gibt.

2.1 FAZ oder Radio Regenbogen?

✓ **Zeitungen**

Grundsätzlich unterscheidet man zwischen **Abonnement- und Boulevardzeitungen**. Boulevardzeitungen wie die Bild-Zeitung müssen täglich aufs Neue auf der Straße verkauft werden; entsprechend dramatisch, überspitzt und bunt sind ihre Schlagzeilen. Mit sensiblen Themen sollten sich Schulen in jedem Fall an Abonnementzeitungen wenden. Diese werden behutsamer damit umgehen; schließlich müssen sie ein Problem nicht zum Skandal stilisieren, um damit die Tagesauflage zu steigern. Außerdem drucken die Abo-Blätter eine Geschichte auch mal ganz ohne Bild – bei der bunten Konkurrenz kaum denkbar.

Amüsante Geschichten dagegen, die von schönen Bildern leben, sind bei der „Yellow Press" – wie die Boulevardpresse in Großbritannien genannt wird – unter Umständen besonders gut aufgehoben. Diese druckt auch mal mehrere Fotos – selbst dann, wenn der Artikel dazu kurz und wenig brisant ist.

Unterschieden wird auch zwischen **regionalen und überregionalen Zeitungen**: Während die bundesweiten Ressorts der überregionalen

> **Tipp**
>
> PR-Agenturen arbeiten häufig mit Medienkatalogen wie dem „Zimpel" oder dem „Stamm". Darin sind nicht nur die Kontaktdaten von Zeitungen und Zeitschriften aufgeführt, sondern auch die von Radio- und Fernsehsendern.
> Die Kataloge sind als Loseblattwerke, auf CD oder online erhältlich. Allerdings können sie – je nach Ausgabe – recht teuer sein. Eine Liste deutscher Zeitungen finden Sie auch – umsonst – auf der Internetseite des Bundesverbands Deutscher Zeitungsverleger: www.bdzv.de/zeitungswebsites.html.

Blätter sich vorrangig für Themen von deutschlandweiter Brisanz interessieren, ist das Lokalressort oder eine lokale Zeitung eine der wichtigsten Adressen für schulische Pressearbeit. Dieses Blatt lesen die Eltern Ihrer Schüler. Auch der Lokalteil ist oft in Ressorts unterteilt.

Einem lokalen Wirtschaftsteil könnten Sie Ihr Schülerfirmen-Projekt antragen, der Serviceseite einen Veranstaltungshinweis auf Ihre Musikveranstaltung. Auch eine Sonderseite zum Thema „Kinder", „Familie" oder „Erziehung" könnte Ziel Ihrer Bemühungen sein. Oder gibt es sogar eine Schülerseite?

Aber das Leben ist unfair: Lokalredaktion ist nicht gleich Lokalredaktion. Wenn Ihre Schule auf dem Dorf liegt, haben Sie in Sachen PR viel leichteres Spiel als in einer Großstadt. Denn der Lokalteil einer Großstadt-Zeitung muss mehrere Hundert Schulen im Blick behalten – und wird mit Pressemitteilungen nur so überschüttet.

Dagegen haben das Dorf- oder Kleinstadtblatt, also Medien auf lokaler Ebene, nur ein bis drei Schulen in Ihrem Umfeld. Dort wird auch mal die Schulleiterin beim „Shakehands" mit einem Lehrer fotografiert – ein Motiv, das es in der Großstadt kaum in die Zeitung schaffen würde. Zum Glück haben größere Zeitungen, zusätzlich zum stadtweiten Lokalteil, oft noch Stadtviertelseiten.

Zudem werden auch in Großstädten kostenlose **Anzeigenblätter** verteilt, Vereine oder Geschäftsleute geben Stadtteilzeitungen heraus. Meldungen und Themen werden von diesen Blättern oft mit Handkuss angenommen. Allerdings erreichen Sie damit auch ein anderes Publikum als mit dem Lokalteil einer renommierten Abonnementzeitung.

✓ Radiosender

Auch bei Radiosendern haben Sie vor Ort die besten Karten: Regionale und lokale Privatsender gibt es heute zuhauf. Und auch die öffentlich-rechtlichen Sender unterhalten zahlreiche Regionalbüros. Besonders die Privaten zeichnen sich oft durch ihre Nähe zum Hörer aus. Auch das steigert Ihre Chancen.

Radiosender würzen ihre Beiträge gern mit **interessanten Klangbeispielen und Hintergrundgeräuschen**. Zum Beispiel: Bei einem Bericht über das Abitur singen Absolventen ihr Abi-Lied. Zum neuen Handyverbot präsentieren Schüler die neuesten, selbst kreierten Klingeltöne. Solche Geräusche lieben Radiojournalisten.

Tipp

Das Germanistik-Department der University of Exeter (Großbritannien) hat netterweise eine wirklich ansehnliche Liste deutscher Radiosender erstellt und sie nach Bundesländern geordnet: www.ex.ac.uk/german/media/radgerm.html. Adressen der Regionalbüros öffentlich-rechtlicher Sender finden Sie auf den Seiten www.br-online.de, www.hr-online.de, www.ndr.de, www.mdr.de, www.radiobremen.de, www.rbb-online.de, www.sr-online.de, www.swr.de und www.wdr.de.

✓ Fernsehsender

Ähnlich wie bei Zeitungen gilt bei TV-Sendern: Sensible Themen lieber einer öffent-lich-rechtlichen Station anvertrauen. Zwar recherchieren die Privaten gemeinhin nicht schlechter, aber man sieht auf ihren TV-Kanälen allzu oft Reportagen, bei denen Menschen von der Kamera regelrecht überrumpelt werden. Das soll Ihren Schülern auf dem Schulhof nicht passieren. Für bunte, bildreiche, auch einmal kreative und schräge Themen ist das Privatfernsehen dagegen ein prima Abnehmer.

Generell bevorzugen Fernsehsender für ihre Berichte **schöne, bewegungsreiche Bilder.** Indem Sie ihnen bei diesem Wunsch entgegenkommen, erhöhen Sie Ihre Chancen. Oft steht und fällt ein Fernsehbeitrag mit den Bildern: Sie sollen aussagekräftig und interessant sein statt statisch und einschläfernd. TV-Stationen können Sie also auch mit Bildern locken. Überlegen Sie sich Motive, die ein Kamerateam filmen könnte. Die besten Chancen haben Projekte, die bunt, bewegt und möglichst spektakulär sind. Ein Beispiel: In Ihrem Schulhof steht seit kurzem ein Klettergarten mit Seilen und Netzen, Leitern und Hängebrücken. Er wurde vom Sportamt des Schulreferats dort aufgestellt mit dem Ziel, bewegungsunlustige Großstadtkinder zum Turnen zu ermutigen.

Aber auch bei weniger plakativen Themen lassen sich auf den zweiten Blick vielleicht interessante Bilder finden. Geht es etwa um „Platzmangel – und wie unsere Schule damit fertig wird" könnte eine Unterrichtsstunde in einem besonders kleinen Klassenzimmer als Motiv dienen oder die Mittagspause auf Bierbänken im engen Flur. Suchen Sie eine Szene, die das Thema optisch besonders gut illustriert. Stellen Sie sich dabei einen Fernsehzuschauer vor, der hektisch durchs Programm zappt. Bei welcher Szene würde er auf den ersten Blick erkennen: „Da geht es um das Thema Platzmangel"? Sicher nicht bei dem Interview mit dem Direktor, der sich zum Gespräch ausgerechnet in der großzügigen Aula postiert hat.

Natürlich ist es bei solchen Themen wichtig, dass Sie die Eltern informieren, bevor ein Kamerateam an die Schule kommt. Von ihnen brauchen Sie die Einwilligung, dass ihre Kinder gefilmt und vielleicht auch befragt werden (Kapitel 7.6, *Das Recht am eigenen Bild*, Seite 75). Ohne das Placet der Eltern geht bei Jugendlichen unter 18 Jahren gar nichts.

Tipp

Auch an die deutschen Fernsehsender hat die University of Exeter gedacht: www.exeter.ac.uk/german/media/tv-germ.html. Dort sind praktischerweise auch alle Schulfunksendungen gebündelt.

✓ Nachrichtenagenturen

Vergessen Sie auch die Nachrichtenagenturen nicht, zum Beispiel dpa (Deutsche Presse-Agentur), ddp (Deutscher Depeschendienst) oder KNA (Katholischer Nachrichtendienst). Diese beliefern über den „Ticker" ständig unzählige Zeitungen und Sender mit Nachrichten und Bildern: Zwar setzen sie zum Großteil auf Themen von überregionalem Interesse, unterhalten aber auch Redaktionen und Korrespondentenbüros in kleineren Städten der ganzen Bundesrepublik. Hat eine Nachrichtenagentur Ihr Thema einmal aufgeschnappt, könnte es einen regelrechten Siegeszug durch die Medien antreten. Die besten Chancen haben Sie mit politisch und gesellschaftlich bedeutenden Themen.

Telefonnummern unter:

▶ www.dpa.de/de/unternehmenswelt/redaktionen/deutschland.html

▶ www.kna.de/redaktionen/redaktionen.html

▶ www.ddp.de/ddp/team/bueros.html

✓ Publikumsmagazine

Publikumsmagazine gibt es heute in vielen Sparten: Nachrichtenmagazine wie „Spiegel", Frauenmagazine wie „Freundin" oder Kindermagazine wie „GEOlino". Außerdem bieten die Kioske mittlerweile Zeitschriften an, die sich auf Schule und Erziehung spezialisiert haben – wie „Focus Schule" oder „Eltern family".

Publikumsmagazine erscheinen im Turnus einiger Wochen oder gar Monate. Leider ist es sehr schwer, ihnen ein Thema schmackhaft zu machen; schließlich gibt es dabei bundesweite Konkurrenz. Deshalb sollte ein Themenvorschlag auch von bundesweiter Bedeutung sein: Ein in Deutschland einzigartiges

Tipp

Die meisten Titel werden aufgezählt unter: www.ex.ac.uk/german/media/indzsch.html

Schulmodell, bei dem Schüler nicht mehr sitzenbleiben, könnte interessieren. Oder ein neues Unterrichtskonzept, bei dem die Kinder ausschließlich im Freien lernen.

✓ Internet

Medien, die etwas auf sich halten, sind heute im Internet präsent – oft mit eigens für das World Wide Web produzierten Artikeln, Bildern und Filmsequenzen. Schul-, Jugend- und Erziehungsthemen sind dabei stark vertreten. Nicht selten pflegen Sender und Verlage auch themenspezifische Foren auf ihren Internetseiten, in denen Leser ihre Meinungen und Erfahrungen kundtun können. Auch dies ist ein Bereich, den PR-Treibende nutzen können.

✓ Fachpresse

„Förderschulmagazin", „Die Grundschulzeitschrift" oder „Mathematische Unter-
richtspraxis" – wenn Sie sich an die Fachpresse wenden, zielen Sie auf ein völlig
anderes Publikum als bei den bisher genannten Medien. Hier erreichen Sie Pädagogen mit fachlichem Vorwissen, denen Begriffe wie „geschlechterdemokratische
Erziehung" oder „verlässliche Grundschule" nicht fremd sind.

Tipp:

Titel von Fachzeitschriften findet man auf der Internetseite www.zeit-
schrift-abc.de, über den Link Beruf – Bildung – Schule. Und auch in Sachen
Fachzeitschriften war die Uni Exeter nicht untätig. Titel aus dem Bereich
Bildung finden sich unter www.ex.ac.uk/german/media/erziehung.html.

Die Chancen auf einen Artikel über Ihre sehr spezielle Modellklasse sind hier größer
als bei der Tageszeitung. Und nicht selten schreiben erfahrene Pädagogen in der
Fachpresse selbst. Mit Artikeln in der Fachpresse erreichen Sie kaum die Väter und
Mütter potenzieller Schüler, profilieren sich aber im Kollegenkreis.

2.2 Darstellungsformen im Journalismus

Falls der Redaktion ein Thema gefällt, muss sie sich für eine Darstellungsform entscheiden. Soll eine kleine Meldung daraus werden – oder doch die ganz große Reportage? Im Folgenden lernen Sie die einzelnen Typen kennen. Das nützt Ihnen
zweierlei: Schon in der Pressemitteilung können Sie der gewünschten Darstellungsform Vorschub leisten. Zum Beispiel, indem Sie auf spannende Szenen oder einen
besonders interessanten Gesprächspartner hinweisen. Ersteres spräche für eine Reportage, Letzteres für ein Interview.

Außerdem nützt Ihnen das Wissen um die Darstellungsformen, wenn Sie selbst einmal einen Artikel schreiben sollen – zum Beispiel für die chronisch unterbesetzte
Lokalredaktion des Ortsblattes oder für die Internetseite der Schule. Als Stilregeln
gelten die der Pressemitteilung (siehe Kapitel 6, Seite 52 ff.). Fragen Sie immer
nach, wie lang der Text, in Anschlägen gemessen, sein soll.

Generell unterscheidet man zwischen **nachrichtenorientierten und meinungsge-
färbten Darstellungsformen**. Bericht, Meldung, Reportage und Interview werden
gemeinhin als nachrichtenorientiert bezeichnet, Kommentar, Rezension und Glosse
als meinungsgefärbt.

✓ Nachrichtenorientierte Darstellungsformen

Bericht

Fakten, Fakten, Fakten! Ein Bericht ist ein nüchterner, mittellanger Text, dem es ausschließlich um Information geht. Am Bericht orientiert sich der Aufbau der Pressemitteilung, die Sie später im Buch kennenlernen werden: Das Wichtigste zuerst, Erklärungen, Details und Hintergründe später. Üblicherweise nennt der Bericht im zweiten oder dritten Satz eine Quelle. Zum Beispiel: „Das teilte Schulleiter Franz Haas am Dienstag mit." Der nüchterne Text ist von Zitaten durchsetzt, die Stellungnahmen und Einschätzungen von Experten oder Betroffenen wiedergeben. Der Bericht ist in der Regel 50 bis 120 Zeilen lang (bei 40 Zeichen pro Zeile).

Unterschieden wird dabei zwischen „hard news" und „soft news". Während „hard news" sich tatsächlich auf nüchterne Fakten beschränken und diese streng nach dem „Das Wichtigste zuerst"-Schema arrangiert werden, geben sich „soft news" verspielter. Kuriose, amüsante und herzerwärmende Themen werden dabei zugunsten des Lesevergnügens in lockerer Weise beschrieben.

Meldung

Eine Meldung ist eine sehr kurze Nachricht von höchstens 25 Zeilen oder 1000 Zeichen. Sie verzichtet auf jeglichen Firlefanz – Hauptsache, alle W-Fragen (Wer, was, wo, wann, wie, warum) sind knapp beantwortet. Punkt.

Reportage

Die Reportage ist umfangreicher, anschaulicher und lebendiger als der Bericht. Sie verpackt Fakten in eine spannende Geschichte, die sich unter anderem aus Szenen, Beobachtungen und Hintergrundinformationen zusammensetzt. Kennzeichen der Reportage ist ein möglichst packender Einstieg, der das Thema in wenigen Zeilen andeutet oder umreißt. Das kann eine Szene sein, ein kurzes Gedankenspiel oder ein besonders eindrucksvolles Zitat.

Für eine Reportage muss der Journalist unbedingt vor Ort gewesen sein. Nur so kann er beschreiben, dass die Schulfassade mattgelb ist, die Luft nach Lebkuchen duftet, die Hitze Freibadstimmung schafft und im Hintergrund ein Helikopter knattert. Obwohl eine Reportage auch mit Zeitsprüngen arbeitet, ist sie in weiten Teilen im Präsens gehalten. Das sorgt für mehr Spannung. Ein beliebtes Stilmittel der Reportage ist die sogenannte „Klammer": Am Schluss wird eine anfangs beschriebene Szene nochmals aufgegriffen.

Als Feature bezeichnet man eine ausführlichere Reportage, die sich noch stärker den Hintergründen widmet und formell noch freier ist. Der Begriff ist recht vieldeutig: Ein Feature kann vor Ort recherchiert oder komplett aus Archiv- und Agenturmaterial zusammengeschrieben sein.

Interview

Beim Interview wechseln sich, nach einem einleitenden Vorspann, Fragen des Journalisten und Antworten des Gesprächspartners ab. Der Journalist vermeidet dabei geschlossene Fragen, also solche, auf die man mit „Ja" oder „Nein" antworten kann. Der Interviewpartner soll im Idealfall Neuigkeiten, Einschätzungen, Kommentare und Gefühle preisgeben statt dröger Basisfakten, sie sich auch in einem Bericht darstellen ließen.

✓ Meinungsgefärbte Darstellungsformen

Kommentar

Der Kommentar gibt die Meinung des Verfassers zu einem Thema wieder, das an anderer Stelle in der Zeitung oder Sendung nachrichtlich behandelt wird. Ein guter Kommentar bezieht eindeutig Stellung, statt unentschlossen zwischen zwei Positionen abzuwägen. Schon in den ersten Sätzen umreißt er das Thema und seine Tendenz. Letztere wird im Verlauf des Textes mit Argumenten untermauert. Der Kommentar sollte als solcher gekennzeichnet sein.

Rezension

In der Rezension wird ein frisch veröffentlichtes Werk besprochen und beurteilt: ein Buch, eine Kunstausstellung, ein Film oder ein Theaterstück. Die Bandbreite der Rezension reicht von Lobpreis bis Verriss. Schultheaterstücke ernsthaft zu rezensieren, fällt Feuilletonjournalisten deshalb meist schwer. Schließlich möchte man die Spielfreude der – schauspielerisch nicht professionell ausgebildeten – Jugendlichen nicht trüben.

Glosse

Die Glosse beschäftigt sich auf amüsante, oft satirische Weise mit einem beliebigen Thema. Dabei entwirft der Journalist zum Beispiel absurde Szenen, überspitzt seine Meinung und ironisiert durch starke Übertreibung.

3   Kontakt zu den Medien aufnehmen

Viele Schulen üben sich den Medien gegenüber in vornehmer Zurückhaltung: Irgendwann, so die Hoffnung, werden sie sich schon melden. Doch leider: Dem ist nicht so. Wenn Sie nicht von sich aus auf die Medien zugehen, wird mit fast hundertprozentiger Sicherheit niemals ein Artikel über Ihre Schule erscheinen – es sei denn, es passiert etwas wirklich Unübersehbares. Und das ist meistens ein Skandälchen. Wenn Sie sich wundern, warum über eine bestimmte Schule ständig etwas Nettes in der Zeitung steht, liegt das meistens daran, dass deren Schulleiter oder Pressesprecher die Medien regelmäßig informiert.

Machen Sie Ihre Schule also bekannt – indem Sie Kontakt zu den Medien aufnehmen. Nicht nur zu Ihrer Lieblingszeitung, sondern zu allen Blättern und Sendern in der Umgebung. Einen Bonus gegenüber anderen Pressestellen haben Sie schon mal: Als Lehrer wird Ihnen die Redaktion grundsätzlich mehr Sympathie und Vertrauen entgegenbringen als der schneidigen PR-Stimme eines Wirtschaftskonzerns.

3.1   Was wollen Sie eigentlich?

Bevor Sie loslegen: Machen Sie sich, zusammen mit der Schulleitung, Gedanken, wie die Schule sich eigentlich darstellen will. Davon, dass Bildungsstätten grundsätzlich vertrauenswürdig und seriös, lebendig und engagiert wirken möchten, gehe ich einmal aus. Aber was soll darüber hinaus betont werden? Was ist das Besondere an Ihrer Schule? Die mathematisch-naturwissenschaftliche Ausrichtung? Das riesige

Angebot musischer Wahlkurse? Die Integration behinderter Kinder? Die jahrgangs-übergreifenden Modellklassen? Es ist wichtig, dass Sie ein Ziel formulieren, damit Sie später ihre Medienarbeit stets sanft in diese Richtung steuern können.

Bleiben Sie aber realistisch: Es geht darum, Ihre Schule optimal darzustellen, nicht darum, etwas zu erfinden. Wenn in Ihrer Caféteria jeden Tag Pommes und Fisch-stäbchen aufs Porzellan kommen, werden Sie in der Öffentlichkeit nur schwer das Image einer gesundheitsbewussten Schule erringen.

3.2 Den richtigen Ansprechpartner finden

Beim Zeitungslesen, Radiohören und Fernsehen werden Ihnen Ressorts, Sendungen und Autorennamen auffallen, die sich immer wieder mit Schulthemen befassen. Richten Sie Ihre Vorschläge direkt an diese Stellen; gerade in großen Medienhäu-sern wandert Ihre Pressemitteilung sonst lange von Schreibtisch zu Schreibtisch oder Ihr Anruf von Telefon zu Telefon.

Lokalredaktionen drucken ihre Sekretariatsnummer häufig auf der Titelseite. Viel-leicht steht eine Telefonnummer unter einer wöchentlichen Spezialseite „Schule". Die Kontaktdaten der Hauszentrale finden Sie im Impressum. Und nicht wenige Redaktionen stellen ihre Mitarbeiter im Internet vor.

3.3 Erst etwas Schriftliches . . .

Haben Sie eine Kontaktperson gefunden, ist es sinnvoll, ihr zunächst eine **Presse-mitteilung** (siehe Kapitel 6, Seite 52 ff.) zu schicken. Diese hat folgende Zwecke:

▶ Ihr Thema schmackhaft zu machen,

▶ Kontaktdaten anzugeben und

▶ unter Umständen **Fotos** beizulegen (siehe Kapitel 7, Seite 69 ff.).

So hat der Redakteur die wichtigsten Informationen gleich schwarz auf weiß. Das ist auch praktisch, wenn er den Vorschlag seinem Chef präsentieren will.

Wenden Sie sich möglichst mit einem Thema an die Zeitung, das, zumindest zum Teil, noch in der Zukunft spielt: ein neuer Kurs, der im September beginnt, ein An-ti-Gewalt-Projekt, das noch auf unbestimmte Zeit läuft, eine große Veranstaltung am kommenden Dienstag. Über Ereignisse in der Vergangenheit kann sich der Jour-nalist nur noch aus zweiter Hand informieren. Seinem Leser, Hörer oder Zuschauer gegenüber hat er aber die Verantwortung, möglichst selbst dabei gewesen zu sein.

Geben Sie ihm dazu Gelegenheit – indem Sie ihn früh genug auf den Termin hinweisen. Ein weiterer Vorteil: Wenn der Journalist selbst vor Ort war, kann er ausführlicher berichten – über all die Eindrücke, die er an Ihrer Schule gesammelt hat.

Die Pressemitteilung sollte die Redaktion im Idealfall **eine Woche vor dem Termin** beziehungsweise vor Beginn des Projekts erreichen. So hat der Redakteur Zeit zum Planen: Er kann sich intern mit den Kollegen und seinem Chef absprechen, kann einen Fotografen beauftragen und sich über die Größe des Artikels Gedanken machen. Sie haben derweil Zeit, sich um die Vorbereitung zu kümmern.

Sollte es in der Pressemitteilung allerdings um einen Kurs gehen, der zum neuen Schuljahr im September beginnt, sind Sie eine Woche vorher zu spät dran. Wenden Sie sich in solchen Fällen schon vor den Sommerferien an die Medien, wenn sich abzeichnet, dass der Kurs im September anlaufen wird. In den Ferien können Sie das Thema dann ein zweites Mal zu Sprache bringen, indem Sie eine andere Perspektive oder eine neues Detail finden. So nutzen Sie auch das sogenannte „Sommerloch" (siehe Kapitel 5.7, Seite 45).

Nun ist die Frage: **Fax, E-Mail oder Brief?** Als internes und externes Kommunikationssystem hat sich die elektronische Post heute in den allermeisten Redaktionen durchgesetzt. Die Vorteile: E-Mails lassen sich ohne viel Aufwand verschicken, kosten den Absender fast gar nichts und erreichen den Redakteur – im Gegensatz zum Faxgerät – meist persönlich. Und: Der Redakteur kann die Pressemitteilung, die er ja schon im Computer hat, schneller und leichter zur Meldung umbauen. Verschicken Sie die Pressemitteilung stets als Attachment, und setzen Sie das Wort „Pressemitteilung" samt Thema schon in die Betreffzeile der E-Mail.

Auch auf Faxe und Briefpost sind die Redaktionen natürlich eingestellt. Der traditionelle Postweg ist allerdings vergleichsweise gemächlich und daher bei dringenden Themen von Nachteil.

3.4   . . . und dann noch ein Anruf

Einige Tage, nachdem Sie Ihre Mitteilung verschickt haben, rufen Sie den Redakteur an, um sich nach dem Schicksal Ihres Themas zu erkundigen. Damit zwingen Sie ihn, sich mit der Pressemitteilung zu beschäftigen. Wahrscheinlich ist er gerade im Stress. Im Geiste jongliert er mit einer Vielzahl von Themen, aus denen es auszuwählen gilt. Seinen Stress können Sie lindern, indem Sie **Ihr Anliegen in drei Sätzen nennen.** Zum Beispiel: „Ich bin Lehrer an der George-Clooney-Realschule für Mädchen und hatte Ihnen eine Pressemitteilung geschickt: Wir sind die erste Schule in der Stadt mit Chipkartensystem in der Caféteria. Einige andere haben das System schon besichtigt, um es in Zukunft nachzumachen. Wir würden Sie gerne einladen, einen Bericht darüber zu schreiben." Sie haben Recht – das sind vier Sätze. Samt Begrüßung werden es sogar fünf ... Was ich nur sagen will: **Es ist wichtig, dass Sie schnell zum Punkt kommen.**

Wann anrufen? In Zeitungsredaktionen wird frühmorgens niemand zugegen sein. Am Vormittag dann, etwa um 10 Uhr, tagt die Konferenz, und am frühen Abend, etwa um 18 Uhr, droht der Redaktionsschluss. Zu diesen Zeiten sind Journalisten besonders im Stress. Später am Abend, nach 19 Uhr, sitzt meist nur noch ein einsamer Nachtdienstler am Telefon, der auf Katastrophenmeldungen nach Redaktionsschluss warten muss. Weil alle Leitungen des Ressorts auf ihn gestellt sind, kann er Ihrem Projekt kaum die Aufmerksamkeit schenken, die Sie sich wünschen.

Die beste Zeit also für einen Anruf ist der späte Vormittag, etwa um 11 Uhr, oder der frühe Nachmittag, etwa um 14 Uhr. Dann stehen die Chancen am besten, dass ein Redakteur einigermaßen frei von Zeitdruck oder Konferenzzwängen über Ihr Thema reden kann. Dasselbe gilt für Fernseh- und Radiosender. Allerdings nicht, wenn kurz danach eine wichtige Sendung läuft; dann müssen Beiträge noch schnell fertiggestellt oder aktualisiert werden. Und oft wollen Redakteure ihre Sendung selbst ansehen beziehungsweise anhören.

Sie haben den Redakteur also am Telefon.

▶ Falls der Redakteur Interesse bekundet: Glückwunsch!

▶ Falls er Sie vertröstet: Dranbleiben!

▶ Falls er absagt: Freundlich bleiben und nach neuen Themen oder neuen Aspekten suchen (siehe Kapitel 4, *Nachrichtenwerte nutzen*, Seite 38 ff.)! Gute PR ist nicht aggressiv. Wenn Sie höflich und verständnisvoll auf eine Absage reagieren, haben Sie beim nächsten Mal, mit dem nächsten Thema, bessere Chancen. Und vielleicht bekommen Sie einen wertvollen Hinweis darauf, welche Themen dieses spezielle Medium denn stattdessen interessieren würden.

3.5   Keine Reaktion? Nachhaken!

Auch der feinsten Pressemitteilung kann es passieren, dass sie samt nachfolgendem Anruf ohne Widerhall bleibt. Man vertröstet Sie, aber: Es erscheint kein Bericht, niemand stellt am Telefon weitere Fragen oder bittet gar um einen Termin. Und es kommt auch keine Absage.

Das ist ärgerlich – aber angesichts der Flut von Pressemitteilungen, die die Redaktionen täglich erreichen, ganz normal. Vielleicht musste das Thema aus Platzgründen neben einem ähnlich wichtigen Thema zurückstecken. Vielleicht hatte man keine Kapazitäten, es tiefer zu recherchieren. Vielleicht wollte man es für einen anderen Termin aufheben. Lassen Sie sich also nicht entmutigen. Geben Sie der Sache noch eine Chance – und haken Sie mit einem weiteren kurzen Anruf bei der Redaktion nach.

3.6   Lieber nicht!

Es gibt ein paar hässliche Beispiele aus der Praxis, die illustrieren, wie man das Verhältnis zu Journalisten tüchtig versauern kann.

▶ Drohen Sie der Redaktion nicht damit, dass Ihre Privatschule jüngst eine Anzeige geschaltet hat – nun möchte die Redaktion bitteschön auch redaktionell über die Schule berichten. Redaktion und Anzeigenteil einer Zeitung sind streng voneinander getrennt, um ihre Unabhängigkeit zu schützen.

▶ Feuern Sie Ihren Wunsch nach Berichterstattung auch nicht mit dem Zusatz an: „Wir haben den Schülern schon gesagt, dass die Zeitung vielleicht über die Spendenaktion berichten könnte." Diese Einstellung ärgert Journalisten. Erstens sind Enttäuschungen bei den Schülern so programmiert – wer weiß, ob die Zeitung Interesse und gerade genug Platz für einen Artikel hat? Zweitens ist dieses Vorgehen auch pädagogisch höchst fragwürdig. Die Schüler sollen ja grundsätzlich um der guten Sache Willen Spenden eintreiben und nicht, um damit in die Zeitung zu kommen.

▶ Sagen Sie auch nicht: „Wir brauchen etwas PR für unsere Schule. Was lässt sich da machen?" Vermeiden Sie überhaupt dringend Worte wie „PR", „Public Relations", „Pressearbeit" oder „Werbung". Der Redakteur will ja niemandem bei der PR helfen, sondern, im Gegenteil, unabhängig von persönlichen oder wirtschaftlichen Interessen berichten.

▶ Artikulieren Sie nicht Ihre Befürchtung, die Pressemitteilung könnte im Chaos der Redaktion versunken sein.

▶ Sehen Sie von Drohungen ab à la „Ich lasse nicht locker." Letzteres gibt dem Journalisten das Gefühl, gegen seinen Willen zu einer Geschichte gedrängt zu werden.

▶ Auch der Satz „Sie haben noch nie etwas über uns geschrieben, bitte kommen Sie vorbei" wird nicht auf fruchtbaren Boden fallen. Das Ziel des Redakteurs ist es ja, etwas Interessantes für seine Leser auszuspähen und nicht, Ihre Schule um jeden Preis in die Zeitung zu bringen.

▶ Halten Sie sich auch mit Unterstellungen im Zaum wie „Sie bevorzugen doch die Rumpelstilzchen-Schule!" – auch wenn dieser Verdacht schrecklich an Ihnen nagt. Eine Zeitung berichtet nun mal nicht über alle Schulen gleichermaßen, sondern nur über die, die etwas Interessantes zu vermelden haben. Schlagen Sie stattdessen ein Thema vor, das die Konkurrenz in den Schatten stellt.

3.7 Erreichbar bleiben

Sie haben einen Kontakt hergestellt. Die Redaktion interessiert sich für Ihr Thema. Jetzt ist es wichtig, erreichbar zu bleiben. Hinterlassen Sie also in jedem Fall eine Telefonnummer, im Idealfall eine Handynummer, unter der man Sie erreichen und mit Rückfragen behelligen kann. Natürlich müssen Sie nicht Tag und Nacht und rund um die Uhr erreichbar bleiben – zwischendurch haben Sie ja auch noch etwas anderes zu tun als PR-Arbeit. Falls Sie selbst nicht rangehen können, zum Beispiel weil Sie im Unterricht sind, sollte unter dieser Nummer eine persönliche Mailbox anspringen. In den kleinen und großen Pausen hören Sie die Mailbox kurz ab.

Unbedingt greifbar müssen Sie aber sein, wenn gerade eine Pressemitteilung verschickt oder eine Pressekonferenz beendet wurde, oder wenn aus sonstigen Gründen mit Rückfragen von Journalisten zu rechnen ist. Um besser planen zu können: Fragen Sie den Journalisten nach dem anvisierten Erscheinungsdatum beziehungsweise dem Sendetermin. So können Sie einordnen, wie schnell er weitere Informationen braucht und wie lange mit Rückfragen zu rechnen ist.

Der Journalist einer Tageszeitung muss seinen Text üblicherweise noch am selben Tag fertig schreiben, damit er abends gedruckt werden und am nächsten Morgen erscheinen kann. Die Kollegen von Radio und Fernsehen müssen möglicherweise noch schneller fertig sein, damit ihre Beiträge noch am selben Nachmittag auf Sendung gehen können. Der Magazinjournalist dagegen hat oft etwas länger Zeit für seine Recherche; sein Artikel erscheint vielleicht erst in zwei Monaten.

Dies sind nur Faustregeln. Deshalb: **Fragen Sie nach**. So passiert es Ihnen einerseits nicht, dass ein Artikel über Ihr Thema platzt, weil Sie zu spät zurückgerufen haben. Und andererseits vermeiden Sie, sich unnötig zu beeilen und dabei dringendere Aufgaben im Schulalltag zu versäumen.

3.8 Einen Verteiler aufbauen

Wenn Sie im Auftrag Ihrer Schule regelmäßig mit PR-Arbeit betraut sind, lohnt es sich, einen Medien-Verteiler aufzubauen. Das könnte Ihnen in der Zukunft viel Arbeit ersparen. Hier sind Tipps für den Aufbau dieses Verteilers:

▶ Recherchieren Sie, wer in den einzelnen Medien Ihrer Umgebung für Schulthemen verantwortlich ist, und speichern Sie E-Mail- und Postadressen sowie Faxnummern. So können Sie Pressemitteilungen fortan im Bündel verschicken. (Übrigens: Wenn Journalisten in der Adresszeile der E-Mail sehen, dass auch andere Medien informiert sind, spornt das ihr Interesse manchmal an.)

▶ Auch die Telefonnummern sollten Sie in einer Liste sammeln, die Sie bei Bedarf nur noch abtelefonieren müssen.

▶ Empfehlenswert beim Aufbau eines Verteilers ist es, für jeden Redakteur noch einen alternativen Kontakt aufzuschreiben – etwa die des Sekretariats oder eines Kollegen. Es könnte ja sein, dass der Journalist im Urlaub, auf Rechercherreise oder im Krankenbett weilt – und Ihre Nachricht unterdessen in seinem E-Mail-Account versauert. Deshalb sollten Sie jeweils zwei E-Mails schicken. Ist der Redakteur da, wird die Sekretärin sie an ihn weiterleiten; dann hat er sie eben doppelt. Ist er aber nicht da, schickt die Sekretärin sie an einen Vertreter.

▶ Vermeiden Sie unbedingt, verschiedene Ressorts in einem Haus zu beschicken, die sich möglicherweise nicht absprechen. Ein Thema, das versehentlich zweimal in der gleichen Zeitung erscheint, nennen Journalisten eine „Dublette". Ärgerlich für die Redaktion – und schädlich für Ihre künftige Zusammenarbeit.

Über den Verteiler können Sie sich bei den verschiedenen Medien immer wieder in Erinnerung rufen, diese mit Pressemitteilungen und Veranstaltungshinweisen beschicken. Allerdings: Übertreiben Sie es nicht. Schicken Sie keine wöchentlichen Postillen mit Winzigst-Meldungen hinaus. Es gibt im Redaktionsalltag so viele traurige Beispiele für Verteiler, die nie je eine brauchbare Meldung liefern. Irgendwann wird solche Post automatisch an die „Ablage P" weitergeleitet. Pressemitteilungen müssen immer ein potenzielles Thema bergen.

3.9   Diplomatie mit übergeordneten Stellen

Gerade Kommunen haben oft einen wachenden Blick auf die Pressearbeit ihrer Schulen. Mal wollen sie für Mediengespräche um Erlaubnis gefragt werden, mal Zitate vorab lesen, mal Auskünfte selbst erteilen. Mancher Lehrer und auch Schulleiter lässt sich davon verschrecken und traut sich gegenüber Journalisten kaum, einen Ton zu sagen. Dabei vertritt der Schulleiter, rechtlich gesehen, die Schule nach außen – nicht nur gegenüber den Eltern, sondern auch gegenüber den Medien.

Dass man sich mit dem Schulträger aber nicht anlegen will, ist verständlich. Mein Tipp: Werben Sie bei der übergeordneten Pressestelle dafür, selbst mit den Medien reden zu dürfen. Vielleicht wirkt auch das Argument, dass dies für die Außenwirkung wichtig ist – schließlich fordert gerade die Politik heute immer mehr Selbstständigkeit von den Schulen. Zudem wirken Aussagen, die Sie selbst den Journalisten geben, stets lebendiger und authentischer als die Informationen der übergeordneten Pressestelle.

Sollte diese aber weiter für ein Gespräch ihre Einwilligung voraussetzen: Kümmern Sie sich jeweils selbst darum. Überlassen Sie es nicht den Journalisten, bei der Pressestelle des Trägers die Erlaubnis für ein Gespräch einzuholen.

Andererseits können Sie das Interesse der Pressestelle auch nutzen: Vielleicht hilft sie beim Bau einer Internetseite? Oder bei der Organisation einer Pressekonferenz?

4 Was kommt in die Zeitung?

Was Sie unbedingt brauchen, wenn Sie sich an eine Redaktion wenden, ist ein Thema. „Aber welche Themen wollen die Medien denn?", fragen Lehrer, Eltern und Schulleiter mich oft. In einem Satz lässt sich das schwer sagen – aber sehr wohl in einem Buchkapitel. Wenn Journalisten aus dem Wust von Pressemitteilungen, Leserhinweisen, Agenturmeldungen und anderen Informationen auswählen, orientieren sie sich – bewusst oder nicht – an bestimmten **Nachrichtenwerten**. Offenbar bestimmen diese über das Schicksal eines Themas.

Im Folgenden habe ich, in Anlehnung an die Nachrichtenwerte, eine Reihe von Kriterien zusammengestellt, die mir im Zusammenhang mit Schul- und Bildungsthemen besonders wichtig scheinen:

▶ Neuigkeit

▶ Viele Betroffene

▶ Illustration eines aktuellen Themas

▶ Eindeutigkeit

▶ Nutzwert

▶ Unterhaltsamkeit

▶ Seltenheit

▶ Negativität

▶ Prominenz

Tipp zum Weiterlesen

Hans Mathias Kepplinger: „Der Nachrichtenwert der Nachrichtenfaktoren", in: Bacha/Scherer/Waldmann (Hrsg.): „Wie die Medien die Welt erschaffen und wie die Menschen darin leben", Westdeutscher Verlag: Opladen/Wiesbaden 1998.

4.1 Neuigkeit

Interessant ist, was neu ist. Falls Sie ein Projekt, das Ihrem zum Verwechseln ähnelt, schon mit Bild und schöner Reportage in der Zeitung gesehen haben, ist das kein Grund zum Jubeln. Denn das Blatt geht nicht nach der Devise vor: „Wenn die eine Schule darf, darf die andere auch", sondern: „Was wir schon hatten, bringen wir so schnell nicht noch einmal." Schließlich kennt der Leser das Thema ja nun schon und möchte lieber etwas anderes lesen. Etwas Neues eben.

Wenn Ihre die erste Schule im Dorf, in der Stadt, im Landkreis, im Bundesland oder sogar in der Bundesrepublik ist, deren Schüler im Zuge eines neuen Projekts nur noch an Laptops schreiben und nicht mehr auf Papier, ist das interessanter, als wenn andere das schon seit Jahren so halten. Allerdings: Wenn Ihre die erste Realschule in der Stadt ist, die den Wahlkurs „Gesunde Ernährung" anbietet, es dieses Konzept an Hauptschulen aber schon gibt, ist der Neuigkeitswert nicht allzu groß. Vielleicht ist dann eine Meldung drin.

4.2 Viele Betroffene

Je mehr Menschen von Ihrem Thema betroffen sind, desto attraktiver ist es für die Medien. Selbst über ein dröges Konzept des Kultusministeriums wird berichtet, weil es für den Alltag sehr vieler Schüler wichtig ist. Ein Unterrichtskonzept an Ihrer Schule wird interessanter, wenn es auf andere übertragbar ist, wenn weitere Bildungsstätten sich bereits dafür interessieren etc. Umso mehr Eltern morgens beim Aufschlagen der Zeitung denken: „Oha, das könnte demnächst meinen Sohn betreffen!", desto lieber wird die Redaktion ein Thema aufgreifen.

Dabei ist die absolute Zahl der Betroffenen weniger wichtig als ihr Verhältnis zur Gesamtzahl der Leser. Wenn Ihre Kleinstadt drei Schulen hat und Ihre nun aufwendig umgebaut wird, dann interessiert das möglicherweise ein Drittel der Leser Ihrer Kleinstadtzeitung. In einer Großstadt mit 400 Schulen aber kratzt es verhältnismäßig wenige Leser des Lokalteils, ob an einer davon die Bagger anrücken.

4.3 Illustration eines aktuellen Themas

Manchmal dienen aktuelle Ereignisse in Gesellschaft, Politik, Kultur oder Sport als Aufhänger für ein Thema. Zum Beispiel: Gerade hat der Landtag ein Rauchverbot an Schulen beschlossen. In der Redaktion passiert Folgendes: Das bundes- oder landesweite Ressort berichtet über das neue Gesetz. Die Lokalredaktion dagegen schreibt über ein konkretes Beispiel an einer Schule und über Themen im Dunstkreis des Anti-Rauch-Gesetzes. Genau jetzt ist die Zeit, Ihr Projekt „Die Fluppe ist uns schnuppe" in die Schlagzeilen zu tragen. Zwar läuft es schon seit Jahren, und noch gestern hätte sich kein Journalist dafür interessiert – heute aber ist es ein aktuelles Beispiel für die Bemühungen von Schulen gegen Nikotin.

Sprechen wir über Tage der offenen Tür. Normalerweise sind sie nicht gerade ein Lieblingsthema der Medien. Jedoch: Wenn Sie einen brandaktuellen Aufhänger finden, an den sich Ihr Tag der offenen Tür knüpfen lässt, wird die Veranstaltung für die Medien schon interessanter. Zum Beispiel: Die Schülerzahl in der Stadt steigt zum nächsten Schuljahr gewaltig an und schon jetzt stürmen Eltern die Infoveranstaltungen. Eine Reportage beschreibt, wie sie sich an Ihrer Schule in den Stuhlreihen drängen – am Tag der offenen Tür.

Wichtig: Das Thema, das Ihrer Geschichte als Aufhänger dient, muss wirklich aktuell sein. Leider ist der Begriff „aktuell" recht dehnbar. Viele Schulen rufen in den Redaktionen an und berufen sich mit ihrem Thema auf die PISA-Studie: „Schon PISA hat gezeigt …" Wenn dieser Satz am Telefon fällt oder in der Pressemitteilung vorkommt, Jahre nach Erscheinen der ersten PISA-Studie, werden Redakteure schläfrig. Auch die Gewaltprobleme an einer Berliner Hauptschule taugen, ein halbes Jahr später, kaum noch als Trojanisches Pferd für das eigene Gewaltpräventionsprojekt. Das Thema muss tatsächlich noch am Brodeln sein – und nicht schon längst übergekocht.

4.4 Eindeutigkeit

Wenn es an Ihrer Schule vage Pläne gibt, vielleicht und unter Umständen in einigen Jahren ein recht abstraktes Konzept für pädagogische Neuerungen umzusetzen, die sich aber leider nur schwerlich beschreiben lassen – dann ist das für die Zeitung wenig interessant, weil wenig konkret. Journalisten lieben griffige Geschichten, die sie griffig vermitteln können. Kommen Sie ihnen entgegen – und beschreiben Sie Ihr Thema so anschaulich und konkret wie möglich. Oft helfen dabei Beispiele. Also: Es gibt bereits Pläne zu einer interkulturellen Lehrerfortbildung, die im September starten soll. Dabei werden Lehrer die Körpersprachen afrikanischer Kulturkreise kennenlernen, um so besser mit Kindern aus diesen Ländern kommunizieren zu können.

4.5 Nutzwert

Wenn Ihr Thema einen direkten Nutzwert für den Leser hat – umso besser. Der Serviceaspekt steht bei vielen Medien heute hoch im Kurs. Leser, Hörer und Zuschauer sollen mit den Nachrichten selbst etwas anfangen können. Wenn Sie bei Ihrem Projekt „Hausaufgabenhilfe von Schülern für Schüler" also damit locken können: „Unsere Schüler haben für die Leser ein paar handfeste Tipps auf Lager, wie man Hausaufgaben schneller und besser erledigen kann", ist das von Vorteil.

Gern stellen Zeitungen ihren Artikeln sogenannte „Infokästen" zur Seite, in denen Informationen mit Nutzwert zu finden sind: Ein beispielhaftes Kochrezept „Wintersalat mit Walnüssen" neben eine Reportage über die Schulcaféteria, eine Bastelanleitung neben einen Artikel über ein Drachenbauprojekt, einen Bauplan für den „besten Spickzettel der Welt" neben einen Text über die Hausaufgabenhilfe. Solche Beistücke geben dem Thema Würze und freuen den Leser. Überlegen Sie, welche Zusatzinformationen mit direktem Nutzwert das Thema hergibt – und fügen Sie sie der Pressemitteilung im Anhang bei.

4.6   Unterhaltsamkeit

Medien wollen heute – neben der Information – auch unterhalten. Deshalb schadet es überhaupt nicht, wenn Ihr Thema amüsant ist. Ein Beispiel: In einem Ihrer Klassenzimmer schlüpfen derzeit Entenbabys – bewacht von einem Biologie-Kurs. Süß! Und dass die Betreuung der Tiere auch aus pädagogischer Sicht sinnvoll ist, müssen Sie in der Pressemitteilung ja nicht unterschlagen. Prüfen Sie Ihr Thema also auf unterhaltsame Aspekte – und stellen Sie sie den Medien gegenüber heraus.

Doch Vorsicht! Es ist zwar relativ planbar, mit unterhaltsamen Themen in die Presse zu kommen – aber nicht immer empfehlenswert. Mit einer besonders absurden Aktion werden Sie es fast immer in die Medien schaffen; die Frage ist nur, wie die Schule anschließend in der Öffentlichkeit dasteht. Ein Beispiel ist der „T-Shirt-Erlass" eines bayerischen Realschulrektors vor einigen Jahren. Um seine Schülerinnen für das Tragen allzu leichter und enger Kleidung abzustrafen, führte er eine Sanktion ein: Wer mit Ausschnitt, Minirock oder bauchfreiem Top zur Schule kam, musste sich unattraktive Schlabber-T-Shirts mit dem Titel der Schule überstreifen. Eine plakative Aktion, wie Medien sie lieben. Sofort rückten die Kameras privater Fernsehsender an, und auch seriöse Zeitungen berichteten über den Vorstoß des umtriebigen Schulleiters. Letztendlich entpuppte sich seine Aktion aber nicht als leuchtendes Beispiel, sondern eher als Groteske. Diverse Schülerinnen mit riesigen T-Shirts und greller Schminke bestätigten das in die Fernsehkameras.

4.7   Seltenheit

Umso seltener Ihr Thema, desto interessanter ist es für die Medien. Zum Beispiel: Unter Ihren Lehrern weilt ein Hobby-Imker, der auf der Dachterrasse der Schule ein Bienenvolk hegt. Über seine Arbeitsgemeinschaft „Bienenkunde" ließe sich eine treffliche Reportage schreiben. Oder: Sie leiten das einzige Gymnasium weit und breit, das Chinesisch als Abiturfach anbietet. Manchmal sind Schulen sich gar nicht darüber im Klaren, dass in ihren Klassenzimmern ein seltenes Thema schlummert – weil sie selbst ja tagtäglich damit zu tun haben. Aber weiß die Öffentlichkeit wirklich, dass Sie den einzigen Sprachkurs „Türkisch für Fortgeschrittene" in der ganzen Stadt anbieten?

Dasselbe gilt, wenn Ihre Schule einer seltenen Spezies angehört: Die einzige Gesamtschule, Waldorfschule, Japanische Schule, Berufsschule für Systemgastronomie in der Umgebung kann auch aus weniger brisantem Anlass einmal eine Reportage wert sein – zum Beispiel zum 50. Jubiläum.

4.8   Negativität

Es ist zum Haareraufen: Immer steht nur Negatives über Schulen in der Zeitung! Prügeleien, Partys mit Alkohol, schlechte Zensuren bei PISA. Warum das so ist? Weil, was schief läuft, buchstäblich von der Norm abweicht – und damit für die Medien interessant wird. Das klingt ärgerlich, aber vielleicht geht es Ihnen als Leser ähnlich: „Die Bundeskanzlerin hat ihren Job am Mittwoch wieder prima gemacht. Es gab keinen Grund zur Klage" wird Sie kaum interessieren. Davon, dass jemand seinen Job ordentlich macht, geht man erstmal aus. Bei Lehrern und Schülern ist es genauso.

4.9   Prominenz

Berühmte Namen und Gesichter können ein Köder sein, um Journalisten zu locken. Wenn Dirk Nowitzki mit Würzburger Schülern eine Partie Basketball spielt, ist das sicher Stoff für eine Reportage und ein schönes Foto für die regionale Zeitung.

Doch wohlgemerkt: Prominente *können* ein Köder sein. Doch nicht immer reicht es aus, einen bekannten Gast auf einer Veranstaltung vorweisen zu können. Es liegt unter anderem am Geschmack einer Redaktion, ob sie den Besuch des Bürgermeisters an einer Schule interessant findet. Ein modernes Medium wird sich eher für die Perspektive von Kindern, Eltern und Lehrern interessieren – diese sind schließlich viel näher dran am Schulalltag als der Bürgermeister.

Generell sollte ein prominenter Gast nicht selbst als Thema herhalten, sondern nur als Vehikel für ein anderes Thema. Also: Der Bürgermeister stellt ein neues Konzept für Übermittagsbetreuung vor, der Fußball-Star der Nationalmannschaft will Teamsportarten im Schulsport fördern, ein Fernseh-Schauspieler setzt sich für ein landesweites Theaterprojekt ein.

4.10   Nachrichtenwerte nutzen

Prüfen Sie Ihr Thema auf alle genannten Nachrichtenwerte, bevor Sie es an eine Zeitung herantragen; zumindest zwei oder drei sollte es schon erfüllen. Und denken Sie immer daran: Ein interessantes Thema zu finden – oder einen interessanten Aspekt daran – ist ein essenzieller Part der Pressearbeit. Denn nur über ein Thema kommt die Schule in die Medien.

Stellen Sie sich die Nachrichtenauswahl in der Redaktion vielleicht vor wie die Speisenauswahl an einem Buffet. Was laden Sie auf den Teller?

▶ Es sind die frischen Dinge, nicht die alt aussehenden (*Neuigkeit*).

▶ Sie finden Rucola hipper als Rauke (*Illustration eines aktuellen Themas*).

▶ Sie schaufeln lieber gut unterscheidbare Kost (*Eindeutigkeit*) aufs Porzellan statt grauen Brei.

▶ Außerdem bevorzugen Sie Gerichte, die Sie schöner, schlanker und gesünder machen (*Nutzwert*).

▶ Sie entscheiden sich eher für witzig drapierte Kanapees (*Unterhaltsamkeit*) statt für langweilige Wurstbrote.

▶ Sie nehmen lieber Hummer als ollen Lachsersatz (*Seltenheit*).

▶ Und am Dessertbuffet greifen Sie heimlich am Selbstgebackenen vorbei und zu einem Keks aus der Prinz-Charles-Kollektion (*Prominenz*).

Sie haben zwei Möglichkeiten: Entweder Sie suchen Ihr Lieblingsthema nach Nachrichtenwerten ab und stellen diese in der Pressemitteilung heraus (Plan A). Oder Sie durchforsten Ihre Schule nach anderen Themen, die vielleicht mehr Nachrichtenwert besitzen (Plan B).

▶ **Plan A:** Gegenüber dem Journalisten stellen Sie die Aspekte Ihres Themas, die zur Nachricht taugen, in den Vordergrund. Beispiel: Das Projekt ist niegelnagelneu (Neuigkeit). Drei andere Schulen haben schon ihr Interesse bekundet (viele Betroffene). Und möglicherweise ist das Projekt ein probates Mittel, mit einem an Hessens Schulen grassierenden Problem fertig zu werden (Illustration eines aktuellen Themas). Zudem halten Sie Informationen mit weniger Nachrichtenwert dezent im Hintergrund: dass Sie selbst das Projekt spitze finden; dass alle Beteiligten dafür einen freien Tag geopfert haben; dass Ihre Schule noch nie in der Presse war, die Nachbarschule aber schon öfter …

▶ **Plan B:** Sehen Sie sich nach anderen Themen an Ihrer Schule um und prüfen Sie diese auf Nachrichtenwerte. Überfliegen Sie die Listen der Arbeitsgemeinschaften, der Einrichtungen und Fächer: Durchleuchten Sie das Schulgebäude, den Pausenhof, das pädagogische Angebot – und vergleichen Sie mit anderen Schulen: Was ist selten, neu, sehr unterhaltsam oder illustriert ein aktuelles Thema? Überlegen Sie auch: Welche Probleme hat die Schule zuletzt erfolgreich gemeistert? Welche aktuellen Ereignisse oder Entwicklungen in Politik, Kultur, Gesellschaft und Sport berühren sie? Plan B kann einfacher und zeitsparender sein, als ein bestimmtes Thema verbissen in die Schlagzeilen zwingen zu wollen.

4.11 Beispiele

▶ Unter Ihren Schülerinnen gibt es eine Reihe von Teenie-Müttern. Ab März bietet die Schule nun als erste in der Stadt eine Betreuungsmöglichkeit für Kleinkinder an. (Nachrichtenwerte Neuigkeit, Seltenheit, Illustration des aktuellen Themas *Kinderbetreuung*)

▶ Schüler haben im Fach Informatik ein Programm geschrieben, das den perfekten G8-Tagesrhythmus berechnen kann. (Neuigkeit, Illustration des Themas *Achtjähriges Gymnasium*, Unterhaltsamkeit, Nutzwert)

▶ An Ihrer Schule wird in Zusammenarbeit mit der Universität an einem neuen pädagogischen Konzept gearbeitet, das eines schönen Tages an allen Grundschulen Nordrhein-Westfalens eingeführt werden könnte. (Neuigkeit, viele Betroffene)

▶ Seit einem knappen Jahr sind alle Mädchen Ihrer Realschule angehalten, rosa T-Shirts zu dunkelblauen Jeans zu tragen; alle Jungs dagegen hellblaue T-Shirts. Damit will die Schulleitung dem Markenfetischismus entgegenwirken. (Illustration des Themas *Schuluniformen*, Unterhaltsamkeit)

▶ Ihre Schule ist die einzige Gesamtschule der Stadt – und derzeit wird das dreigliedrige Schulsystem heftig diskutiert. (Seltenheit, Illustration des Themas *Dreigliedriges Schulsystem*)

▶ Eine politische Debatte um die mangelnde Integration ausländischer Schüler ist entbrannt. 70 Prozent Ihrer Schüler kommen aus Familien mit Migrationshintergrund – und Sie haben tolle Projekte, um diese zu integrieren. (Illustration des Themas *Integration von Migrantenkindern)*

▶ Ein außergewöhnliches Fach wie Bienenkunde, Wasserballett, Japanische Dichtkunst oder Türkisch für Fortgeschrittene wird an Ihrer Schule angeboten. (Seltenheit, Unterhaltsamkeit)

▶ Ihre Schule ist per Los ausgewählt worden, an den Tests für eine neue Bildungsstudie teilzunehmen. (Neuigkeit, Illustration eines aktuellen Themas)

▶ Weil so viele Lehrer ausfallen, helfen Eltern an der Schule aus: Sie springen als Vertretungslehrer ein, wiederholen mit den Kindern den Stoff und betreuen sie in den Freistunden. (Illustration des Themas *Lehrermangel*, Nutzwert für andere Eltern)

▶ Sie haben gemeinsam mit anderen Eltern eine private Schule gegründet, die demnächst eröffnet werden soll. (Nutzwert für andere Eltern)

▶ Gerade ist ein neues Gesetz gegen die Handy-Telefonie im Pausenhof beschlossen worden. Auch an Ihrer Schule gibt es bestimmte Regeln, die das SMS-Verschicken unter der Bank und das Telefonieren im Pausenhof unterbinden sollen. (Illustration des Themas *Jugendliche und Handys*)

▶ Weil der Schule das Geld fehlt, lesen Schüler des Deutsch-Leistungskurses in der Fußgängerzone selbst geschriebene Gedichte vor – gegen Bares. (Unterhaltsamkeit, Illustration des Themas *Sparzwänge in der Bildung*)

▶ Eine Schülergruppe hat den ersten Preis bei einem hochrangigen oder inhaltlich sehr interessanten Wettbewerb belegt. (Seltenheit, eventuell: Unterhaltsamkeit)

5 Erfolgreiche PR-Tipps

Verabschieden wir uns nun einmal von der schönen Welt der Themen, die es mit Leichtigkeit in die Medien schaffen. Denn in ihrem Schatten steht eine lange Schlange von Projekten, Veranstaltungen und Neuerungen, für die sich die Medien partout nicht zu interessieren scheinen. Was tun? Es gibt Umwege, auf denen Ihre Schule doch noch in die Zeitung kommen kann:

- ▶ Interessante Details anbieten
- ▶ Ein Problem thematisieren
- ▶ Als Experte Auskunft geben
- ▶ Griffige Projekttitel
- ▶ Veranstaltungstipps
- ▶ Leserbriefe
- ▶ Geheimtipp Sommerloch
- ▶ Fotomotive anbieten
- ▶ Ergebnisse formulieren
- ▶ An Wettbewerben teilnehmen
- ▶ Kreativ werden
- ▶ Medienpädagogische Projekte

5.1 Interessante Details anbieten

Zig Lehrer haben sich für das Wochenende zu einer routinemäßigen Fortbildung angemeldet. Es geht um Themen rund um die Pädagogik, deren Inhalt etwas zu sperrig ist, um ihn zu erklären. Für die Medien ist das Thema denkbar ungeeignet: Die Tatsache allein, dass Lehrer sich fortbilden, ist weder neu noch unterhaltsam noch betrifft sie viele (außer, die Stadt ist sehr klein und vorrangig von Lehrern bewohnt, die fast allesamt an der Fortbildung teilnehmen). Um doch noch in die Medien zu kommen, durchstöbern Sie den Seminarplan nach besonders interessanten Details. Vielleicht gibt es einen Workshop für Lehrer, um den Umgang mit einem neu eingeführten Notensystem zu lernen? Schon bedienen Sie drei Nachrichtenkriterien: Nutzwert, viele Betroffene, Illustration eines aktuellen Themas.

5.2 Ein Problem thematisieren

Wenn das Wort „Problem" fällt, horchen Journalisten auf. Schließlich ist es selten, dass PR-Treibende Schwierigkeiten eingestehen. Dabei wirkt dieses Verhalten ehrlich, weckt Vertrauen und hebt sich ab vom „Bei uns ist alles spitze"-Werbebrei, der täglich auf Journalisten eintropft. Nutzen Sie das für Ihre Pressearbeit. Ein Beispiel: An Ihrer Schule gibt es einen Wahlkurs „Gesund kochen". Die Anmerkung, dies geschehe auch als Gegenmittel zum Problem der grassierenden Fettleibigkeit unter bundesdeutschen Schülern, könnte das Thema interessanter machen. Aber seien Sie vorsichtig: Ihre Schule soll letztendlich nicht als Schmuddelkind-Beispiel für ein Problem dastehen, sonders als Exempel, wie man ein Problem auf glanzvolle Weise löst. Wenden Sie sich mit solchen Themen deshalb nicht an Medien, die Ihnen allzu bunt und marktschreierisch erscheinen.

5.3 Als Experte Auskunft geben

Bieten Sie sich als Interviewpartner zu einem aktuell in den Medien brodelnden Thema an. Zum G8-Alltag, zu einem neuen Benotungssystem, zu neuen Stundenplänen, Schuluniformen etc. Ihr Fachgebiet kann dabei die Bildung generell („Probleme im hessischen Schulalltag"), Ihr Fach („Wohin steuert der Deutschunterricht"?) oder Ihr Schultyp sein („Was halten rheinland-pfälzische Grundschullehrer vom jüngsten Landtagsbeschluss?").

> **Tipp**
> Beziehen Sie sich mit Ihrem Angebot immer auf ein konkretes Thema – sonst hält man Sie vielleicht für einen Wichtigtuer.

So bringen Sie auch den Namen Ihrer Schule in die Zeitung; schließlich muss man Sie im Vorspann des Textes – also vor der ersten Frage – einführen und als Gesprächspartner vorstellen. Zudem stellen Sie sich so als Pädagoge dar, der sich an einer wichtigen öffentlichen Debatte in der Bildungspolitik beteiligt.

5.4 Griffige Projekttitel

Ein schmissiger Titel kann einem unscheinbaren Projekt in die Medien helfen. Bei der „Rhythmisierten Nachmittagsbetreuung" dürfen Schüler in den Lernpausen Musik hören und tanzen. Ein tolles Projekt – nur ist der Titel leider etwas dröge. Warum es nicht „Hausaufgabendisco" nennen? Dieser Name birgt einen Widerspruch in sich – laute Musik und Lernen – und wird damit interessant. Zudem klingt er einfacher, griffiger und lustiger als der originäre Titel. Vor allem gibt er eine bildliche Vorstellung davon, was beim Projekt passiert.

Anglizismen verhelfen übrigens nicht immer zum Erfolg. Titel wie „CoolScool" oder „Hipteens" wirken heute schon fast ein bisschen abgegriffen, klingen nach Werbesprache und sind wohl eher bei jüngeren Schülern beliebt.

5.5 Veranstaltungstipps

Tage der offenen Tür, Schultheaterstücke und Infoabende haben es oft schwer, in die Zeitung zu kommen. Ein kleines Fenster, in dem diese Themen doch noch stattfinden können, sind Veranstaltungstipps, zum Beispiel auf der Service-, Schüler-, Kinder- oder Jugendseite von Tageszeitungen. Dort können Sie Hinweise auf Veranstaltungen in der laufenden Woche platzieren. Der Leser hat so die Chance, den Termin selbst wahrzunehmen. Und falls nicht, erkennt er zumindest, dass an Ihrer Schule allerhand los ist. Aus der Meldung, die Sie an den zuständigen Redakteur schicken, müssen lediglich folgende Informationen hervorgehen:

▶ Titel der Veranstaltung

▶ Inhalt (kurz und knackig)

▶ Ort

▶ Datum

▶ Zeit

Zum Beispiel: „Sehr geehrte Damen und Herren, es wäre schön, wenn Sie folgende Veranstaltung in Ihrer Rubrik *Freizeittipps* ankündigen könnten: Die Grundschule am Sesamfelsen, Zauberwald 7, lädt am Freitag, 7. Juli, ab 15 Uhr zu einem Tag der offenen Tür ein. Informationen gibt es unter www.sesamschule.de oder Telefon ...").

Achten Sie bei wöchentlichen Spezialseiten darauf, dass Sie Ihren Veranstaltungstipp früh genug einsenden; wenn die Seite zum Beispiel montags erscheint, muss der Text die Redaktion spätestens am Freitag der vorherigen Woche erreichen. Aber nicht nur Zeitungen versorgen ihre Leser mit Veranstaltungstipps: Auch Radiosender informieren ihre Hörer regelmäßig darüber, was am Ort los ist.

5.6 Leserbriefe

Auch in Leserbriefen lassen sich die Geschehnisse an der eigenen Schule darstellen – und das aus ureigener Sicht. Dabei schreiben Sie Ihre Meinung als Lehrer, Mutter oder Oberstufenschüler und lassen nebenbei Informationen über die Schule einfließen. Zum Beispiel: Unlängst beschäftigte sich ein Artikel mit den Widrigkeiten bei der Einführung eines neuen Unterrichtsfaches. Nun schreiben Sie in einem Leserbrief Ihre Meinung – und wie man es an Ihrer Schule trotzdem schafft, das Fach sinnvoll zu vermitteln.

Zur Info: Deutscher Presserat

Der Deutsche Presserat (www.presserat.de) wird vom Bundesverband Deutscher Zeitungsverleger (BDZV), dem Verband Deutscher Zeitschriftenverleger (VDZ), dem Deutschen Journalisten-Verband (DJV) und der Deutschen Journalistinnen- und Journalisten-Union (dju) in ver.di getragen. Er ist das Selbstkontrollorgan der deutschen Printmedien. Gegründet wurde er bereits 1956 – damals als Reaktion auf die geplante Einführung eines Bundespressegesetzes.

Unter anderem gibt der Presserat publizistische Grundsätze (Pressekodex) und Richtlinien für die journalistische Arbeit heraus. Im Pressekodex sind moralische, handwerkliche und rechtliche Ansprüche an die deutschen Printmedien formuliert. Leser können sich beim Presserat über Printmedien sowie über deren Online-Auftritte beschweren.

Allerdings ist die Palette seiner Sanktionen begrenzt: Er kann seine Missbilligung aussprechen. Er kann eine Redaktion rügen. Und er kann die Redaktion auf eine Beanstandung hinweisen. Wegen dieser recht dürftigen Sanktionsmöglichkeiten wird der Presserat von Kritikern oft als „Zahnloser Tiger" bezeichnet.

Einige Tipps zu Leserbriefen:

▶ Nennen Sie zunächst Titel und Erscheinungsdatum des Artikels, auf den sich Ihr Leserbrief bezieht.

▶ Sehen Sie sich eine Leserbrief-Seite mal an: Dort stehen meistens gut überschaubare Texte. Fassen Sie sich also kurz. Und: Wenn Sie unter einen langen Brief „Auf keinen Fall kürzen" schreiben, verbauen Sie sich schon aus Platzgründen den Weg in die Zeitung. In Richtlinie 2.6 (4) der Publizistischen Grundsätze des Deutschen Presserats heißt es über den Umgang mit Leserbriefen: „Verbietet der Einsender ausdrücklich Änderungen oder Kürzungen, so hat sich die Redaktion, auch wenn sie sich das Recht der Kürzung vorbehalten hat, daran zu halten oder auf den Abdruck zu verzichten."

▶ Zeigen Sie allerbeste Manieren. Dass Sie auf Kraftausdrücke verzichten und nicht beleidigend werden, ist ohnehin klar – solche Briefe drucken die wenigsten Zeitungen. Und auch dem Ansehen Ihrer Schule schaden Sie mit Beschimpfungen nur.

▶ Auf keinen Fall sollte Ihr Text schwammig über „Bildungspolitik gestern, heute und morgen" dozieren. Beziehen Sie sich möglichst konkret auf einen Artikel oder ein Thema. Persönliche Erfahrungen können nicht schaden. Zudem haben Sie dabei Gelegenheit, etwas Vorteilhaftes über Ihre Schule in die Zeitung zu heben.

▶ Leserbriefe sind Meinungsbriefe. Es interessiert andere Leser nicht besonders, wenn Sie den Inhalt des Artikels wiederkäuen oder darlegen, welche konträren Meinungen dieses Thema provozieren könnte. Schreiben Sie stattdessen Ihre eigene Meinung und begründen Sie diese.

▶ Schreiben Sie ans Ende Ihres Leserbriefs Ihren vollen Namen, Ihre Funktion und Ihren Wohnort (nicht Ihre Adresse!). Redaktionen setzen Namen und Wohnorte der Leser unter ihre Briefe, um glaubwürdig zu bleiben. Ein anonymer Leserbrief, so die Sorge, könnte bei Lesern den Verdacht schüren, der Brief sei frei erfunden. In den Publizistischen Grundsätzen des Deutschen Presserats heißt es dazu in Richtlinie 2.6 (3): „Es entspricht einer allgemeinen Übung, dass der Abdruck mit dem Namen des Verfassers erfolgt. Nur in Ausnahmefällen kann auf Wunsch des Verfassers eine andere Zeichnung erfolgen."

▶ Ihre komplette Adresse geben Sie im Briefkopf an. So kann die Redaktion Ihnen ein Belegexemplar zusenden, falls der Leserbrief gedruckt wird.

5.7 Geheimtipp Sommerloch

Es gibt Phasen im Jahr, die stellen die Welt des Journalisten auf den Kopf: Die gefürchteten Nachrichtenflauten. In dieser Zeit tröpfeln Nachrichten nur noch in die Redaktionen, statt sie wie sonst zu überfluten. Die längste und zäheste Flaute ist das Sommerloch: Dann geht die Politik in die Pause – und auch an den Schulen sind Ferien.

Das können Sie nutzen. Etwa, indem Sie eine Zeitung auf ein besonders interessantes Ferienprojekt Ihrer Klassen hinweisen oder auf Veranstaltungen, die während der unterrichtsfreien Zeit an Ihrer Schule stattfinden. Auch Nachprüfungen oder Nachhilfekurse sind mögliche Ferienthemen. Außerdem können Sie anbieten, bei Bedarf in den Ferien einen Kontakt zu Schülern herzustellen – etwa zu Umfragen wie „Wohin fährst du im Sommerurlaub?"

Weitere Nachrichtenflauten suchen die Redaktionen in den anderen Schulferien heim, besonders in der Zeit zwischen Weihnachten und Neujahr.

5.8 Fotomotive anbieten

Manche Themen sind zwar inhaltlich für die Medien nicht sehr interessant, können aber dennoch mit einem hübschen Bild in die Zeitung kommen. Sagen wir, alle Kinder der Schule haben zusammen ein Pappmaschee-Häuschen für den Schulhof gebaut, mit Pappmaschee-Dach und Pappmaschee-Apfelbäumchen. Das ist vielleicht keine umwerfend brisante Nachricht – aber eine reizvolle Optik, über die Sie in der Bildunterzeile doch noch die Botschaft transportieren können: An unserer Schule ist was los. Schicken Sie also eine kurze Mitteilung an die Redaktion, vielleicht schon mit einem selbst geschossenen Foto (siehe Kapitel 7, *PR-Fotos*, Seite 69 ff.).

Dieser Weg ist allerdings nur bei Themen möglich, die optisch wirklich interessant und aussagekräftig sind. Dazu gehören zum Beispiel: Farbgewaltige Kunstaktionen, außergewöhnliche Sport-Wahlkurse wie Hip-Hop oder Zirkuskünste sowie Freiluft-Theaterstücke mit dramatischen Kulissen. Dazu gehören nicht: Fortbildungsveranstaltungen in Klassenzimmern, Computerlehrgänge, Projektpräsentationen an Info-Stellwänden.

5.9 Ergebnisse formulieren

Fachtagungen haben es oft nicht leicht, in die Medien zu kommen. Das liegt unter anderem an ihren fachspezifischen, manchmal schwer vermittelbaren Inhalten. Was Journalisten an solchen Tagungen aber doch interessieren könnte, ist das Ergebnis. Was ist das Resultat der dreitägigen Debatten, Workshops und Vorträge? Oft ist die Klärung dieser Frage auch intern interessant. Ein Beispiel für den Einstiegssatz einer Pressemitteilung: „Immer mehr Schüler lernen mit digitalen Medien – das ist das Ergebnis einer Fachtagung an der Schlossberg-Realschule." Oder: „Schulen handeln zunehmend selbstständig – dies ist auf dem 14. Pädagogentag am Rosen-Gymnasium deutlich geworden." Dass 50 Lehrer sich dabei drei Tage lang an Ihrer Schule trafen, können Sie ja im Rest der Pressemitteilung noch beschreiben.

5.10 An Wettbewerben teilnehmen

Es gibt Schulen, die tauchen immer wieder in der Presse auf – hier ein Preis, da eine Auszeichnung ... Man wundert sich: Sind die wirklich so gut? Bei genauerer Betrachtung stellt man oft fest: Es hatten sich gar nicht viele Schulen an dem Wettbewerb beteiligt! In der Öffentlichkeit macht der Preis trotzdem tüchtig was her. Etwas Recherche auf den Internetseiten der Kultusministerien dürfte helfen, interessante Wettbewerbe zu finden. So kann auch ein pädagogisches Konzept, das die Medien per se vielleicht wenig interessiert hätte, in die Zeitung gelangen.

Internetadressen der Bildungsministerien

▶ Ministerium für Kultus, Jugend und Sport Baden-Württemberg (KM): www.km-bw.de

▶ Bayerisches Staatsministerium für Unterricht und Kultus (StMUK): www.km.bayern.de

▶ Senatsverwaltung für Bildung, Jugend und Sport Berlin (SenBJS): www.berlin.de/sen/bwf/index.html

▶ Ministerium für Bildung, Jugend und Sport des Landes Brandenburg: www.mbjs.brandenburg.de

▶ Bremer Senator für Bildung und Wissenschaft: www.bildung.bremen.de

▶ Hamburger Behörde für Bildung und Sport: http://fhh.hamburg.de/stadt/Aktuell/behoerden/bildung-sport

▶ Hessisches Kultusministerium (HKM): www.kultusministerium.hessen.de

▶ Ministerium für Bildung, Wissenschaft und Kultur Mecklenburg-Vorpommern (BM): www.kultus-mv.de

▶ Niedersächsisches Kultusministerium: www.mk.niedersachsen.de

▶ Ministerium für Schule und Weiterbildung des Landes Nordrhein-Westfalen (MSW): www.schulministerium.nrw.de

▶ Ministerium für Bildung, Wissenschaft, Jugend und Kultur des Landes Rheinland-Pfalz (MBWJK): www.mbwjk.rlp.de

▶ Ministerium für Bildung, Kultur und Wissenschaft des Saarlandes: www.bildung.saarland.de

▶ Sächsisches Staatsministerium für Kultus (SMK): www.sachsen.de/de/bf/staatsregierung/ministerien/index_kultus.html

▶ Kultusministerium des Landes Sachsen-Anhalt: www.mk.sachsen-anhalt.de

▶ Ministerium für Bildung und Frauen des Landes Schleswig-Holstein: via www.landesregierung.schleswig-holstein.de

▶ Thüringer Kultusministerium: www.thueringen.de/de/tkm

5.11 Kreativ werden

Gerade zu jährlich wiederkehrenden Terminen – etwa den Ferien, dem Abitur, dem Schulbeginn oder der Zeugnisvergabe – zerbrechen sich Journalisten den Kopf, was sie ihrem Publikum in diesem Jahr bieten könnten. Jetzt können Sie kreativ werden. Versuchen Sie sich selbst als fantasievoller Blattmacher, indem Sie bunte, etwas abwegige Themen anbieten. Bei vielen der folgenden Beispiele spielt die Optik eine wichtige Rolle. Laden Sie die Redaktion ein, einen Fotografen zu schicken, oder bieten Sie selbst Bilder an.

Einige Beispiele:

▶ Gerade debattieren Politiker wieder darüber, ob man in Deutschland Schuluniformen einführen sollte. Bieten Sie einer Zeitung daraufhin witzige Uniform-Entwürfe Ihrer Schüler an – von Schülern für Schüler sozusagen.

▶ Ein Fanlied zur Weltmeisterschaft, das Ihre achte Klasse im Musikunterricht komponiert hat, bieten Sie einem Radiosender an – mit Gesangsproben der Schüler.

▶ Weihnachten rückt näher: Vielleicht möchte eine Redaktion einmal den Textil- und Werken-Unterricht an Ihrer Grundschule besuchen, in dem die Kinder derzeit Strohsterne flechten und tönerne Kerzenständer formen? Dazu liefern Sie eine Bastelanleitung.

▶ Das Abitur rückt näher – und die Kandidaten an Ihrer Schule machen sich bereits Gedanken über passende Maskottchen. Laden Sie eine Zeitung ein, eine Fotostrecke „Glücksbringer fürs Abitur" aufzunehmen.

▶ Im Herbst gibt die „AG Schulgarten" Tipps zur Nutzung von Laub – etwa mit Bastelideen und Kompostiermöglichkeiten.

▶ Unter Ihren Grundschülern stehen Poesiealben und Freundschaftsbücher hoch im Kurs. Fragen Sie Ihre Lokalzeitung, ob sie nicht eine Reportage mit vielen nostalgischen Bildern drucken möchte.

5.12 Medienpädagogische Projekte

Viele Zeitungsverlage und Sender bieten heute medienpädagogische Projekte für Schulklassen an, um künftige Leser zu gewinnen. Dabei lernen die Kinder und Jugendlichen den Redaktionsalltag, den Aufbau einer Zeitung oder Sendung sowie die verschiedenen Stilformen des Journalismus kennen. Angeleitet von einem Redakteur recherchieren und schreiben sie selbst Berichte, die auf Sonderseiten veröffentlicht werden. Auch solche Projekte sind eine gute Gelegenheit, den Namen der Schule in die Öffentlichkeit zu bringen.

Außerdem ergibt sich ein persönlicher Kontakt zur Redaktion, der später wieder angezapft werden kann. Und vielleicht wird der Redakteur bei den Besuchen an Ihrer Schule auf ein Thema aufmerksam. Hier macht sich die Pflege des Schwarzen Bretts bezahlt.

Nähere Informationen zu medienpädagogischen Projekten in Ihrer Umgebung bekommen Sie direkt bei Verlagen und Sendern, meist finden sich Hinweise auf der Internetseite des Mediums. Andere Möglichkeit: Sie googeln die Begriffe „Zeitung", „Schule" und den Namen des nächsten größeren Orts.

5.13 Tipps für einzelne Schularten

Schularten unterscheiden sich auch in der Öffentlichkeitsarbeit. Was Gymnasien beachten sollten, welche Vorteile Grundschulen haben und welche Themen sich bei Berufsschulen anbieten, lesen Sie hier.

✓ Grundschulen

Im Grundschulbereich hat sich in den vergangenen Jahren viel verändert: Schon Achtjährige nehmen an Drogenpräventionsprogrammen teil, üben englische Grammatik oder lernen, sich gegen Gewalt zu behaupten. Migrantenkinder werden in speziellen Sprachlernklassen gefördert und für viele Eltern spielt die Nachmittagsbetreuung eine immer größere Rolle. Falls es für solche und andere aktuelle Entwicklungen beispielhafte Projekte an Ihrer Schule gibt, sollten die Medien davon erfahren.

Ein weiterer PR-Bonus der Grundschulen ist die Sympathie, die die meisten Menschen Kindern entgegenbringen: Auf Fotos machen sich Achtjährige einfach besser als eine langweilige Erwachsenen-Riege. Ein Schmuckbild vom ersten Schultag ist bei fast jeder Zeitung Pflicht, genauso wie die obligatorische „Was machst du in den Ferien?"-Umfrage bei Radiosendern. Meldet sich zu diesen Anlässen eine Schule aus eigenem Antrieb, kommt sie den Medien sehr entgegen – und bringt es mit Leichtigkeit in die Schlagzeilen. Natürlich sind für Fotos und Zitate immer die Einwilligung der Eltern nötig.

Weitere PR-Ideen für Grundschulen:

▶ Kinder sagen ihre Meinung zu aktuellen Themen – zu grundsätzlichen Entscheidungen des Stadtrats, zur Fußball-EM oder zur Terrorgefahr. Die Ansichten der Kleinsten interessieren die meisten Leser, Hörer und Zuschauer sehr; mal sind sie putzig, mal überraschend geistreich.

▶ Vor Weihnachten malen Kinder die Weihnachtsgeschichte, vor Ostern das ideale Osternest.

▶ Nach einer Großveranstaltung am Ort malen Kinder ihre Eindrücke.

▶ Am ersten Schultag präsentieren Erstklässler den Inhalt ihrer Schultüte, ein Fotograf lichtet sie ab.

▶ Wider den Markenfetischismus: Eltern oder Textillehrer zeigen, wie man Turnbeutel aus bunten Stoffen selber näht. Dazu gibt es ein Schnittmuster.

▶ An der Grundschule bieten sich überhaupt mannigfaltige Themen für Fotostrecken an: Die witzigsten Schultüten zum Schulanfang, die schönsten Zahnspangen zum Tag der Zahngesundheit, die gesündesten Pausenbrote etc.

✓ Hauptschulen

Wenn Hauptschulen manchmal den Eindruck haben, von den Medien übergangen zu werden, liegt das auch an ihrer Bescheidenheit. Oft glauben sie insgeheim gar nicht, dass sich jemand für ihre Themen interessieren könnte oder dass sie ohnehin nur für negative Schlagzeilen bekannt sind. Wenn Journalisten einmal eine Hauptschule besuchen, wundern sie sich nicht selten, wie viele hervorragende Projekte dort durchgeführt werden. Oft sind es gerade handwerkliche Projekte, die sich anschaulich beschreiben und zudem schön fotografieren lassen.

Deshalb hilft nur eines: anbieten, anbieten, anbieten. Hauptschulen sollten beherzt zeigen, was an ihrer Schule alles los ist – ohne gegenüber der Redaktion das seltene Aufscheinen ihrer Schulart in der Presse zu beklagen. Damit kommen sie nicht weiter; mit konkreten Themen schon.

Einige Beispiele:

▶ Beim Projekt „Wasser – Quell des Lebens" zimmern die Schüler unter anderem eine kleine Arche Noah im Schulgarten – ein wunderbares Reportagethema mit Bildern.

▶ Falls die Hauptschule viele türkische Jugendliche in ihren Reihen zählt: Vielleicht möchten diese beschreiben, wie sie einen nahenden türkischen Festtag feiern?

▶ Es ist für Hauptschüler heute oft nicht leicht, eine Hospitanz oder einen Ausbildungsplatz zu ergattern; viele Schulen steuern mit Schnupperpraktika und Azubi-Kontaktbörsen dagegen. Wenden Sie sich mit dem Thema „Problem Praktikum" im Sommer an die Medien, dann tritt die Ausbildungsplatzsuche in die heiße Phase. So weisen sie auf Ihr Projekt hin – und machen potenzielle Ausbildungsbetriebe auf Ihre Absolventen aufmerksam.

▶ Falls Sie besonders talentierte Schüler haben, die aber keinen Ausbildungsplatz bekommen – bieten Sie der Zeitung, natürlich in Absprache mit den Jugendlichen, Interviews zur Ausbildungsplatzmisere an. So stellen sie der Öffentlichkeit gezielt einzelne Jugendliche vor und verhelfen ihnen vielleicht zu einer Lehre.

✓ Realschulen und Gymnasien

Realschulen und Gymnasien haben in Sachen PR oft die Nase vorn: Die meisten präsentieren sich auf einer eigenen Internetseite, viele beschicken Medien regelmäßig mit Pressemitteilungen und selbst Schüler wenden sich mit Themenvorschlägen an die Zeitung. Ein Problem ist aber die große Konkurrenz. Um sich davon abzusetzen, sollten Sie das reiche Angebot an Unterricht und Schulleben regelmäßig nach Besonderheiten durchforsten. Viele Gymnasien haben so viel im Angebot, dass sie manch berichtenswertes Projekt leicht übersehen: den Rhetorik-Kurs, die AG Zirkuskünste, die Solarzellen auf dem Schuldach …

Da zudem politisch viel über Realschulen und Gymnasien gestritten wird – etwa in Punkto Schulzeitverkürzung, Absolventenquoten oder Ganztagsunterricht – lassen sich leicht aktuelle Anlässe für einen Bericht finden.

✓ Förderschulen

Der Förderschule kommt bei der Öffentlichkeitsarbeit unter anderem ihre Exklusivität zugute: Wie die einzige Schule für Hörgeschädigte in der Region arbeitet, dürfte viele Leser interessieren. Für die meisten eröffnet sich da eine fremde Welt: Wer weiß schon, wie hörgeschädigte Schüler englische Vokabeln lernen, was es mit einem Cochlear-Implantat auf sich hat und wie man in Gebärden-Schrift schreibt? Ähnlich interessant dürfte für die Öffentlichkeit sein, wie eine Schule für Blinde oder eine Schule zur Erziehungshilfe arbeitet.

Auch bei der Bebilderung kann man auf die Besonderheit der Schule abheben; zum Beispiel, indem Schüler die Überschrift „20 Jahre Schule für Hörgeschädigte" mit Gebärden anzeigen. Für Fotos und Interviews mit Schülern ist freilich, wie an allen anderen Schulen, das Einverständnis der Eltern nötig (siehe Kapitel 7.6, *Das Recht am eigenen Bild*, Seite 75).

✓ Berufliche Schulen

Der Bonus der beruflichen Schulen bei der PR-Arbeit liegt in ihrer Spezialisierung. Die Berufsschule für das Gastronomie-, Bäcker- und Konditorengewerbe ist wahrscheinlich die einzige ihrer Art in der ganzen Umgebung – während es unzählige Grund-, Haupt- und Realschulen gibt. Setzen Sie deshalb, zu unterschiedlichen Anlässen, auf das Fachgebiet Ihrer Berufsschule.

Einige Beispiele:

▶ Gastronomie-Berufsschüler kochen ein Weihnachtsmenü, das mit Rezept und Foto abgedruckt werden kann. Oder sie gestalten fantasievolle Pausenbrote.

▶ Die Schulferien stehen an – da könnten Ihre Touristik-Berufsschüler persönliche Geheimtipps für den perfekten Urlaub geben.

▶ Die Gestaltungs-Berufsschüler zeichnen Plakat-Vorschläge für das jährliche Weinfest der Stadt. Vielleicht werden die Veranstalter ja darauf aufmerksam?

▶ Floristik-Schüler geben zum Muttertag Tipps für liebevolle Wiesenblumensträuße – natürlich mit Fotos und Anleitung.

Besondere Aufmerksamkeit sollte bei der Öffentlichkeitsarbeit den Absolventen gelten. Fragen Sie immer zunächst Schüler der Abschlussklasse, ob sie im Bericht als Protagonisten aufscheinen möchten. Ihnen nützt die Aufmerksamkeit der Öffentlichkeit am meisten. Schließlich wollen sie nach der Schule eine Stelle bekommen. Und bis dahin ist nicht mehr viel Zeit.

An Berufs- und Fachoberschulen sind viele der Schüler schon erwachsen. Sie sollte man besonders in die PR einbeziehen. Nicht nur, weil sie für Fotos und Zitate keine Zustimmung der Eltern brauchen, sondern vor allem, weil sie gute Ideen haben und die Dinge aus einer anderen Warte sehen als Lehrer.

6   Die Pressemitteilung

Ein essenzielles Instrument der Öffentlichkeitsarbeit ist die Pressemitteilung. Darin informieren Sie die Medien schriftlich über ein interessantes Thema. Aber wie schreibt man eine gute Pressemitteilung? Um das zu beantworten, werfen wir zunächst einen Blick auf den gewöhnlichen Redakteur: Sein Herz hüpft nicht etwa vor Aufregung, wenn eine Pressemitteilung ihn erreicht. Auf seinem Schreibtisch landen am Tag zig solcher Briefe; dazu kommen Agenturmeldungen, Ideen von Kollegen und Themen anderer Medien. Alles muss er sichten.

Deshalb liest er die Mitteilungen nicht in aller Ruhe durch, sondern überfliegt sie zunächst, um die interessantesten zu filtern. Das bedeutet Stress – den Sie lindern können. Mit Pressemitteilungen, die seinen Arbeitsgewohnheiten entgegenkommen.

6.1   Form

Das wichtigste Mittel, um Ihre Chancen zu verbessern, ist **Übersichtlichkeit** – schon bei der Form.

▶ Verfassen Sie Ihre Pressemitteilung am Computer, nie an der Schreibmaschine oder gar von Hand. Ihr Brief repräsentiert die Schule – und diese verlangt ja auch von ihren Schülern, sich mit dem Computer auseinanderzusetzen.

▶ Auf dem Briefkopf müssen Name, Telefonnummer, E-Mail-Adresse, Faxnummer und gegebenenfalls die Internetadresse Ihrer Schule zu finden sein. Man wird Sie ja im besten Falle erreichen wollen.

▶ Oben links steht das Schullogo – falls eines existiert.

▶ Oben rechts steht ein Datum. Der Monat ist dabei ausgeschrieben: „1. Juli 2007" statt „1.7.2007".

▶ Setzen Sie das Wort „Pressemitteilung" über den Text, nicht „Artikel". Ein journalistischer Text soll ja erst noch daraus werden.

▶ Schreiben Sie nicht mehr als eine Seite. Das dient der Übersichtlichkeit – und in der Redaktion können Textteile, die zusammengehören, nicht aus Versehen getrennt werden.

▶ Damit die Pressemitteilung sich später leichter redigieren lässt: Lassen Sie einen breiten Rand stehen (höchstens 70 Anschläge pro Zeile) und wählen Sie einen luftigen Zeilenabstand (1,5-fach oder doppelt).

▶ Als Schriftgröße empfehle ich 12 Punkt, als Schriftart etwas Schlichtes wie Times New Roman oder Helvetica – auf keinen Fall eine kitschige Computer-Schreibschrift, in der sich der Blick leicht verheddert. (Wenn sich Ihre Schule auf ein Corporate Design festgelegt hat, müssen Sie die entsprechende Schrift natürlich auch in der Pressemitteilung durchhalten.)

▶ Machen Sie einige sinnvolle Absätze, etwa nach allen vier bis sechs Sätzen. Auch das dient der Übersichtlichkeit.

▶ Am Ende der Pressemitteilung stehen noch die Kontaktdaten einer Person, die in dieser Angelegenheit besonders kompetent ist: die Kursleiterin, eine Mutter im Elternbeirat oder eben der Pressesprecher.

▶ Ein Begleitbrief ist nicht notwendig – Ihr Anliegen erschließt sich aus der Pressemitteilung.

6.2 Aufbau

Der Aufbau einer Pressemitteilung folgt im Groben dem eines nachrichtlichen Artikels:

▶ A. Das Wichtigste zuerst

▶ B. Dann die Erläuterung

▶ C. Erst dann die Details

A. Das Wichtigste zuerst

Aber was ist das Wichtigste? Falls Sie sich nicht sicher sind: Überlegen Sie, was Sie einem Freund in einem lockeren Gespräch als Erstes davon erzählen würden. Vielleicht Folgendes: „Hey, weißt du was: An unserer Schule gibt es jetzt zweisprachige Klassen, in denen Deutsch und Französisch gesprochen wird." Bitte sehr: Jetzt weiß er im Groben, um was es geht.

Nachrichtenagenturen, die viele verschiedene Zeitungen und Sender mit Meldungen beliefern, schreiben ihre Texte so, dass die Redaktionen sie von hinten wegkürzen können. Dabei gehen sie nach dem Schema vor: Je unwichtiger eine Information, desto weiter rückt sie an den Schluss – und umgekehrt.

Überlegen Sie also, was von der Nachricht auf keinen Fall wegbrechen darf, und platzieren Sie es in den ersten zwei oder drei Sätzen. Beantworten Sie darin folgende **W-Fragen:**

> ▶ <u>Was</u> ist die Neuigkeit? (Zum Beispiel: Zweisprachige Klassen)
>
> ▶ <u>Wer</u> ist davon betroffen? (Zum Beispiel: Schüler des Gänseblümchen-Gymnasiums)
>
> ▶ <u>Wo</u> findet das alles statt ? (Zum Beispiel: In Rissen bei Hamburg)
>
> ▶ <u>Wann</u> starten die Kurse? (Zum Beispiel: Ab September)

Lösen Sie sich auch von der braven Chronologie. Beginnen Sie nicht mit der Idee, die der Elternbeirat schon vor Jahren hatte, sondern mit dem Ergebnis, das jetzt vorliegt. Halten Sie sich auch nicht mit kunstvollen Einstiegen auf: „Fein rieselt der Sand durch Tinas Finger. Das Mädchen lächelt in die Sonne und … " Hier versperrt eine szenische Beschreibung dem Redakteur den Blick auf das Wesentliche. Journalisten verkünsteln sich zwar selbst gerne in szenischen Einstiegen – beim Lesen derselben werden sie aber nervös.

B. Dann die Erläuterung

Wenn das Wichtigste genannt ist, kommen Sie zu einer kurzen Erläuterung:

▶ <u>Warum</u> wurden die Kurse eingerichtet? (Zum Beispiel: Weil die Schüler mit der Zweisprachigkeit auf den international ausgerichteten Arbeitsmarkt und das Leben in einer globalisierten Gesellschaft fit gemacht werden sollen.)

C. Erst dann die Details

Und erst anschließend kommen Sie zu den vielen Fragen, die mit „Wie" beginnen:

▶ <u>Wie</u> wird das Projekt finanziert? (Zum Beispiel: Mit Zuschüssen des Kultusministeriums und des Institut Français)

▶ <u>Wie</u> wird es genau gestaltet? (Zum Beispiel: Die erste halbe Stunde wird jeweils auf Deutsch, die zweite auf Französisch gehalten.)

▶ <u>Wie</u> kam es zu dieser Neuerung? (Zum Beispiel: Der Elternbeirat hatte nach dem letzten Schüleraustausch mit einer Pariser Schule angeregt, dass …)

6.3   Stil

✓   Die Sprache: einfach und klar

Wichtigste Stilregel für Pressemitteilungen: Halten Sie sie simpel. Verkünsteln Sie sich nicht. Versuchen Sie sich nicht in Witzchen, tollen Einleitungen oder pädagogisch-wissenschaftlichen Ergüssen. Schreiben Sie einfach kurz und knackig auf, worum es geht. Der Redakteur muss täglich unzählige Pressemitteilungen lesen und ständig entscheiden: Ist das eine Geschichte oder nicht?

Zerhacken Sie deshalb zuallererst lange Satzketten. „Das Guatemala-Projekt, das von Schülern der fünften und sechsten Jahrgangsstufe des Aschenbrödel-Gymnasiums initiiert wurde, besteht nun schon seit einem halben Jahr, wird mit Spenden finanziert und hat das Ziel, Waisenkindern in Guatemala eine bessere Bildung zu ermöglichen, ihre Lebensbedingungen zu verbessern und ihnen neue Perspektiven für die Zukunft zu eröffnen." Puh, was für ein langer Satz.

Durch schlichte Punktsetzung können Sie ihn in übersichtliche Häppchen zerteilen. Zudem lassen sich sperrige Formulierungen durch kompaktere ersetzen: „Fünft- und Sechstklässler des Aschenbrödel-Gymnasiums haben das Guatemala-Projekt initiiert. Es besteht seit einem halben Jahr und wird von Spenden finanziert. Ziel ist es, Waisenkindern in Guatemala eine bessere Bildung zu ermöglichen. Auch soll das Projekt ihre Lebensbedingungen verbessern und ihnen neue Perspektiven für die Zukunft eröffnen."

Bevorzugen Sie im Sinne der Klarheit immer das Aktiv bei der Satzbildung. „Die Siebtklässlerin Anna Lehmann spielt die Hauptrolle der Iphigenie" ist kürzer und klarer als „Die Hauptrolle der Iphigenie wird von der Siebtklässlerin Anna Lehmann gespielt."

✓ **Die Perspektive: von außen**

Klar: Sie sind begeistert von Ihrem Projekt und möchten das auch zeigen. Für gute PR ist es aber bisweilen nötig, den Eindruck einer gewissen Neutralität zu erwecken. Und dafür ist Distanz nötig. Formulieren Sie Ihre Pressemitteilung deshalb in der dritten Person. „Ich, „Wir" oder „Unsere Schule" klingt immer ein bisschen nach Schulaufsatz und sehr subjektiv. Mit „Die Schule" tut sich der Journalist auch leichter, Ihre Pressemitteilung in einen Artikel umzuwandeln.

✓ **Keine Plattitüden**

Wenn Sie sich von anderen Pressemitteilungen wohltuend abheben wollen, verzichten sie auf Plattitüden. Im Folgenden eine Sammlung unschöner Beispiele, etwa zur Ankündigung einer Schulfestivität: „Für das leibliche Wohl ist gesorgt", „Riesenspaß für Groß und Klein", „Feuerwerk der guten Laune", „Am Schluss darf noch das Tanzbein geschwungen werden."

Das Problem von Plattitüden ist: Sie sind langweilig und sagen wenig bis gar nichts aus. Statt „Für das leibliche Wohl ist beim Schulfest gesorgt" können Sie auch schreiben „Beim Schulfest gibt es Quiche, Salat und Limonade." Der Satz ist fast genauso kurz, birgt aber viel mehr Informationen.

Statt des platten und oft beanspruchten Satzes „Der Bürgermeister zeigte sich von den Leistungen der Schüler beeindruckt" wäre es interessanter, was ihm genau gefallen hat und warum: Die Folkloretänzer wegen ihres Sprungvermögens, die „Heidi"-Darstellerin wegen ihrer charmanten Versprecher?

✓ Finden Sie das richtige Wort

Im Auftrag der Klarheit und des guten Stils: Schreiben Sie „Fahrrad" und nicht „Drahtesel", „München" und nicht „Weltstadt mit Herz", „Schule" und nicht „Penne", „Lehrer" und nicht „Pauker". Versuchen Sie auch nicht, für das Wort „sagt" aufwendigen Ersatz zu finden: „ist sich sicher", „schmunzelt" oder „weiß" zum Beispiel. „Sagt" ist die klarste und damit schönste Variante.

Und: Schreiben Sie nicht das Gegenteil von dem, was Sie meinen. Manche Pressemitteilung beginnt mit einem bösen Klischee, dem im Rest des Texts dann der Garaus gemacht werden soll. Zum Beispiel: „Lehrer sind faul – dass dem nicht so ist, beweisen Pädagogen des ..." Machen Sie nicht Ihre eigene Berufsgruppe schlecht! Verzichten Sie unbedingt darauf, anderer Leute Klischees in Ihrer Pressemitteilung zu zitieren und damit zu nähren.

✓ Kein pädagogischer Fachjargon

Jede Berufsgruppe pflegt ihre internen Fachbegriffe. Auch Pädagogen haben eine Geheimsprache. Viele Worte, die sie im täglichen Umgang mit Kollegen benutzen, sind für Außenstehende kaum zu entschlüsseln. Vor Sätzen wie „Das innovativ inspirierende Projekt will Pädagogik unter geschlechterdemokratischen Gesichtspunkten ganzheitlich erlebbar machen" fürchten Redakteure sich wirklich. Verzichten Sie in der Pressemitteilung auf solche Geheimparolen, verwenden Sie stattdessen für Laien verständliche Formulierungen.

Vermeiden Sie auch Abkürzungen wie „GLK" (Lösung: „Gesamtlehrerkonferenz"). Am besten, Sie schreiben das Wort beim ersten Mal aus und setzen die Abkürzung in Klammern dahinter. Wann immer der Begriff danach auftaucht, verwenden Sie nur noch die Abkürzung.

✓ Fremdwörter vermeiden – aber nicht um jeden Preis

„Diese auf Kooperation basierende Innovation offeriert per se schon ein veritables didaktisches Instrument, auf dessen Reputation die einen mit Lethargie reagieren, während andere sich darüber echauffieren." Solche Sätze (ich habe mir diesen ausgedacht und weiß selbst nicht genau, was er bedeutet) werden von Menschen gepflegt, die eine stattliche Fremdwörtersammlung für schick halten. Insgeheim freuen sie sich diebisch, wenn andere etwas nicht verstehen. Dabei ist gutes Deutsch verständliches Deutsch. Vermeiden Sie Fremdwörter, statt sie als Geheimsprache einzusetzen.

Allerdings gibt es solche und solche Fremdwörter. Bei manchen Begriffen, wie zum Beispiel „Computer" oder „online", wäre es absurd, sie gewaltsam eindeutschen zu wollen.

✓ Keine Werbesprache

Seriöse Journalisten alarmiert es, wenn sie Ausdrücke aus der Werbesprache in einer Pressemitteilung entdecken. Hier einige besonders häufige und unbedingt zu vermeidende Beispiele, mit denen PR zu einem Mittel der Abschreckung wird:

Rundum gelungen; Eine Veranstaltung, auf die man gespannt sein darf; Das Sportfest besticht durch; Hier stimmt das Preis-Leistungs-Verhältnis; Schont den Geldbeutel; Exklusiv für Sie; Lassen Sie sich überraschen/verwöhnen/entführen; Genießen Sie; Erleben Sie; Überzeugen Sie sich selbst; Faszination Bildung/Sport/Pädagogik; Spaß/Intelligenz/Genuss pur; Macht es möglich; Ein Garant für gute Unterhaltung; Ein Highlight ist; Da bleiben keine Wünsche offen.

Überhaupt bringt es nicht viel, ständig auf die famose Qualität der Schule hinzuweisen. Loben Sie sie lieber mit Fakten. Also statt: „Wir sind unglaublich engagiert" lieber: „Wir bieten 17 AGs, von Ackerbau bis Zoologie." Das spricht für sich.

✓ Kein Bürokraten-Jargon

Vermeiden Sie Sätze wie aus der Amtsstube. Dort werden arglose Verben oft gewaltsam substantiviert, was dazu führt, dass Texte sich staatstragend anhören und nicht nach lebhaften Schulprojekten. Satzteile wie „Schüler zeigen das Theaterstück ..." heißen dort „... wird das Theaterstück zur Aufführung gebracht". Dabei verplempern sie wertvolle Zeilen, in die man auch interessante Details stecken könnte. Eleganter als „Herr Schuldirektor Peter Meier ließ es sich nicht nehmen, für das Wohl der Gäste Sorge zu tragen" ist der Satz: „Schuldirektor Peter Meier servierte den Gästen Kaffee und Kirschkuchen." Besonders bizarr finde ich auch „... obliegt ihm die Vertretungsverpflichtung ...". Und noch ein ganz gruseliges Exempel: „Deutschlehrer Hagen Schmidt zeichnete für die Organisation des Festes persönlich verantwortlich." Auch dies lässt sich auf geraderem Wege sagen: „Deutschlehrer Hagen Schmidt hat das Fest organisiert."

✓ Sinnvolle Zitate

In der Pressemitteilung sollten Menschen in direkter Rede zu Wort kommen – das macht den Text schwungvoll und anschaulich. Aber wer sollte zitiert werden? Antwort: Höchstens drei Personen und nur solche, die wirklich etwas Informatives oder Unterhaltsames zum Thema zu sagen haben. Für gewöhnlich sind das Schüler, Eltern und Lehrer. Sie können erklären, was sie in dem Projekt genau machen, warum es ihnen gefällt und welche Hürden es gibt.

Oft halten Rektoren es für ihre Pflicht, auch noch ihre Meinung beizusteuern. Wenn Sie selbst Schulleiter sind: Prüfen Sie, ob Ihr Zitat in der Pressemitteilung wirklich gebraucht wird – wenn nicht, üben Sie sich in nobler Zurückhaltung. Wenn Sie Lehrer sind und den Rektor nicht brüskieren wollen, überzeugen Sie ihn, etwas beizutragen, das sich konkret auf das Projekt bezieht.

Natürlich müssen die Zitierten ihre Einwilligung für die Veröffentlichung geben. Legen Sie ihnen die fertigen Zitate noch einmal vor und geben Sie nur in die Pressemitteilung, was wirklich abgesegnet wurde. Bei minderjährigen Schülern brauchen Sie die Einwilligung der Eltern.

✓ Adjektive nur in Maßen . . .

„Meine nervösen Eltern suchten den kleinen bekritzelten Lottoschein überall, unter dem wollenen, grünen Teppich, auf der hölzernen, braunen Kommode und auch im weißen, gefliesten Bad." Als Lehrer kennen Sie diese Marotte wahrscheinlich aus Schüleraufsätzen: Zu viele Adjektive lassen einen Text gedrechselt wirken und nehmen ihm den Schwung. Gerade die Beschreibung von Farben bringt inhaltlich meist kaum voran. Benutzen Sie Adjektive daher möglichst nur, wenn diese für die Handlung von Bedeutung sind. Auch mit Adverbien sollten Sie knausern – aber nicht so strikt wie mit Adjektiven.

✓ . . . dafür aktionsgeladene Verben

Ein weiterer Kniff, um Texte flotter und interessanter zu gestalten, liegt in der Wahl der Verben: Favorisieren Sie aktionsgeladene Handlungswörter (wie laufen, rufen, basteln) im Gegensatz zu ruhigen bis statischen (sein, stehen, werden). „Der Sechstklässler läuft schnell" klingt spannender als „Der Sechstklässler ist ein schneller Läufer." Und: „Ich hoffe sehr, dass ich das schaffe" wirkt frischer als „Ich bin der festen Hoffnung, dass ich das schaffe."

Außerdem sind Texte mit aktionsgeladenen Verben meistens schlanker, lesen sich geschmeidiger und hinterlassen den Eindruck eines quirlig-fröhlichen Schullebens. Sie brauchen nicht alle gemächlichen Verben aus Ihrer Pressemitteilung zu verbannen. Aber prüfen Sie am Ende, ob sich nicht allzu viele davon eingeschlichen haben.

✓ Keine nichtssagenden Modebegriffe

In den Texten dieser Welt tummeln sich erschreckend viele neumodische Wörter, die keine rechte Aufgabe haben – außer vielleicht, sich wichtig zu machen. Sie tragen weder zur Information noch zur Unterhaltung oder Spannung bei, sondern lungern untätig zwischen den anderen Wörtern herum. Einige davon will ich hier an den Pranger stellen, zum Beispiel „aktiv". „Unsere Lehrer arbeiten aktiv an einem neuen Schulkonzept". Wie sollten sie sonst daran arbeiten? Passiv? Auch „ganzheitlich" und „nachhaltig" gehören zu den Übeltätern. Kein Thema ist mittlerweile zu banal, um nicht einen Schuss „Ganzheitlichkeit" oder „Nachhaltigkeit" zu vertragen. Prüfen Sie streng: Wird unser Plätzchenback-Projekt wirklich unter ganzheitlichen Aspekten geführt?

✓ Schreibweisen

Noch einige formelle Hinweise:

▶ Die meisten Zeitungen nennen Vor- und Nachnamen. Schreiben Sie also nicht „Herr Schmidt", sondern „Karl Schmidt".

▶ Viele Zeitungen lassen den akademischen Titel weg; es sei denn, er hat etwas mit dem Inhalt des Textes zu tun: Ein Mediziner, der zur grassierenden Schnupfenwelle befragt wird, darf seinen Doktorgrad im Artikel behalten.

▶ Auch mit der weiblichen Geschlechtsform ist es so eine Sache. Lehrer und Schulleiter schreiben stets „Schülerinnen und Schüler" und „Lehrerinnen und Lehrer". Das ist politisch korrekt. Zeitungen halten es trotzdem anders. Wenn sie „Schüler", „Lehrer", „Politiker", „Handwerker" oder „Anwälte" nennen, sind damit sowohl männliche als auch weibliche Vertreter (schon wieder die männliche Form!) dieser Gruppen gemeint.

▶ Vermeiden Sie Begriffe wie „Oberstudienrat" oder (noch schlimmer) „OstR" – schreiben Sie lieber „Lehrer" oder „Lehrerin". Dienstgradbezeichnungen lassen eine Pressemitteilung allzu staatstragend wirken.

▶ Journalisten schreiben in Artikeln „Am vergangenen Montag" oder „am kommenden Freitag". Halten Sie das in der Pressemitteilung ähnlich, setzen Sie aber noch ein Datum dazu: „Am kommenden Montag, 25. Januar, ..." Das hilft dem Journalisten, die Pressemitteilung zeitlich einzuordnen.

▶ Mit der Schreibweise von Zahlen gehen Printmedien unterschiedlich um: Bei vielen ist es Sitte, eins bis zwölf auszuschreiben und ab 13 Ziffern zu verwenden. Eins bis zwölf werden dann in Ziffern geschrieben, wenn sie vor Einheiten stehen (3 Meter, 7 Euro) oder Dezimalstellen hinter dem Komma haben (2,53).

6.4   Überschrift

Setzen Sie zwei Überschriften – eine, die informiert, und eine, die in den Text lockt.

✓ Information . . .

Zunächst die informierende: Sie muss so klar, kurz und knackig sein, dass der Redakteur den Kern des Textes sofort begreift. *Mosel-Grundschule zeigt Theaterstück* soll uns als Anschauungsobjekt dienen – eine klassische Überschrift.

▶ Erstens ist sie kurz, auf jeglichen Firlefanz wird verzichtet.
▶ Zweitens ist sie im Präsens gehalten – um Platz zu sparen, verwendet die Redaktion statt Vergangenheit oder Zukunft die um viele Buchstaben schlankere Gegenwartsform.
▶ Drittens verzichtet die Beispiel-Überschrift auf bestimmte und unbestimmte Artikel – sonst würde sie lauten „Eine Grundschule zeigt ein Theaterstück".
▶ Viertens ist sie im Aktiv gehalten – ebenfalls eine Platzspar-Maßnahme.

Übrigens: Die Überschrift soll informieren, nicht Fragen aufwerfen. Titel mit Fragezeichen sind deshalb verpönt. Im Falle unseres Beispiels ginge auch: *Theaterstück an der Mosel-Grundschule.*

✓ . . . und Zierde

Dann die lockende Überschrift. Sie soll nicht nur wunderschön, sondern auch treffend sein: *Shakespeare für Achtjährige* zum Beispiel. Es gibt verschiedene Methoden, eine Zierüberschrift zu kreieren. Zum Beispiel:

▶ **Filmtitel:** Die Überschrift besteht aus einer Zeile, die dem Leser irgendwie bekannt vorkommt – weil sie an den Titel eines bekannten Theaterstücks, Films, Lieds, Buches oder Gedichts erinnert. Einige Beispiele: *Zimmer mit Aussicht* – Reportage über ein Wohnprojekt für körperbehinderte Jugendliche; *Der Tag davor* – wie Schüler der Stadt sich am letzten Ferientag fühlen oder *Die Schulzeit des Figaro* – Porträt einer Berufsschule für Friseure.
▶ **Detail-Kette:** Auch die Aufzählung von Details aus dem Text kann eine Zierüberschrift ergeben. Hübsch sind dabei Alliterationen: *Trommeln, Tanzen, Tiere gucken* zum Beispiel zu einem Text über das nahende Ferienprogramm. Noch schöner ist es, wenn dabei mindestens ein besonders ungewöhnliches Detail vorkommt, zum Beispiel: *Trommeln, Tanzen, Tiger gucken*. Reihen Sie die Worte so aneinander, dass sich ein geschmeidiger Rhythmus ergibt – sagen Sie sie zu diesem Zwecke ein paar Mal laut vor sich hin.

Verbinden Sie beide Überschriften mit einem Gedankenstrich. Zum Beispiel: *Shakespeare für Achtjährige – Theaterstück an der Mosel-Grundschule.*

6.5   Sperrfrist

Manchmal ist es nötig, Pressemitteilungen mit einer Sperrfrist zu versehen. Das bedeutet, dass ihr Inhalt nicht gleich veröffentlicht werden soll. Sinnvoll ist dies zum Beispiel, wenn Ihre Schule zu einer Preisverleihung einlädt: Der Festakt ist am Dienstagabend – die Pressemitteilung samt Namen des Preisträgers geht aber schon am Montag hinaus. Ohne Sperrfrist würde der Name des Siegers schon am Montag im Radio oder am Dienstag in der Zeitung bekannt gegeben werden.

Schreiben Sie deshalb in fetten und etwas größeren Buchstaben **„Vorsicht, Sperrfrist Dienstag 20 Uhr"** über Ihre Mitteilung – oder einen anderen Zeitpunkt, zu dem der Festakt aller Voraussicht nach zu Ende sein dürfte. So wissen die Redaktionen: Vor diesem Zeitpunkt darf der Bericht nicht erscheinen. Sonst erfährt der Preisträger zu früh von seinem Glück.

6.6   Zusätzliche Unterlagen

Das Wichtigste muss sich schon aus der Pressemitteilung erschließen. Sie können aber noch Informationen beilegen, die über das Grundsätzliche hinausgehen. Zum Beispiel:

▶ Fotos

▶ Übersichtliche Grafiken

▶ Informationen mit Nutzwert (siehe Kapitel 4.5, *Nutzwert*, Seite 36 f.)

▶ Zusätzliche Details: In der Pressemitteilung zu einem Jugend-forscht-Wettbewerb haben Sie bereits drei herausragende Schüler-Ideen genannt; in einer Liste im Anhang werden weitere Beispiele aufgezeichnet: eine Matratze, die Langschläfer aus dem Bett wirft, eine Zahnpasta mit Ziegenkäse-Geschmack und ein solarbetriebener Gameboy.

▶ Die ganze Studie: In der Pressemitteilung haben Sie die Essenz einer Schülerumfrage dargestellt; im Anhang liefern Sie die komplette Studie.

▶ Die komplette Laudatio: In die Pressemitteilung über eine Preisverleihung sind schon ein, zwei Sätze aus der Laudatio eingeflossen – im Anhang fügen Sie noch das vollständige Lob hinzu.

▶ Eine Anfahrtsbeschreibung

Vorsicht! Es bringt wenig, einer Zeitung eine Hörprobe der Schulband zu schicken oder einem Radiosender Fotos.

6.7   Beispiele

Im Folgenden finden Sie Beispiele für Pressemitteilungen – gute und schlechte. Ich habe sie selbst zusammengestellt: als eine Art Essenz der vielen, vielen Texte, die Schulen mir in der Vergangenheit geschickt haben.

✓ Zu Beispiel 1 (Seite 63)

Diese Pressemitteilung gefällt mir sehr gut. Schon in den ersten zwei Sätzen gibt sie Antwort auf die wichtigsten Fragen: Was (AG Tierschutz), wo (Dornröschen-Gymnasium), wann (jetzt), wer (Fünft- bis Achtklässler). Die AG wird zudem mit drei griffigen Beispielen beschrieben. Das lässt im Kopf des Journalisten ein Bild entstehen: Bei dieser AG führen Kinder Hunde aus, päppeln Vögel auf und so weiter.

Anschließend erklärt die Lehrerin im Zitat kurz, warum es diese AG überhaupt gibt. Die wörtliche Rede passt gut an diese frühe Stelle im Text. Danach werden viele Wie-Fragen beantwortet und weitere Details erklärt. All das trägt zu einem klaren Bild bei.

Die Pressemitteilung ist in einfachen Sätzen gehalten und enthält gleich zwei Nummern, an die Journalisten sich wenden können: die der Biologielehrerin und die der Schule. Aber auch ohne Anruf hat die Redaktion genügend Material, um eine lebhafte kleine Meldung zu stricken. Die Zitate sind dabei hilfreich. Zudem lässt die Pressemitteilung einen weiten Zeilenabstand, und am Schluss wird sie noch ein bisschen nett – mit einem Schüler-Zitat, das glaubhaft wirkt.

Optisch hebt sich die Pressemitteilung ab von den vielen farblosen Texten, die täglich in der Redaktion eintreffen. Solche schlichten Akzente lassen sich ganz einfach im Word-Programm umsetzen. Zudem verkündet schon das Logo oben links: Hier kommt Post vom Dornröschen-Gymnasium.

Aber da ich mir dieses (fantastische) Beispiel selbst ausgedacht habe, will ich mit dem Lob nun enden. Versuchen Sie bei den nächsten Texten einmal selbst zu beurteilen, ob es sich um Negativ- oder Positiv-Beispiele handelt – noch bevor Sie meine harsche Kritik lesen.

Pressemitteilung – Beispiel 1

Dornröschen-Gymnasium • Spindelweg 7 • 10 000 Heckenrosental • Tel. ... • E-Mail .....

15. Mai 20..

Pressemitteilung
Helfen und kraulen – AG Tierschutz am Dornröschen-Gymnasium

Am Dornröschen-Gymnasium gibt es jetzt eine Arbeitsgemeinschaft Tierschutz. Schüler der fünften bis achten Klasse können sich dabei engagieren: Hunde im Tierheim ausführen, Vögel in der Auffangstation aufpäppeln oder Fröschen bei der Wanderung helfen. Biologielehrerin Roswitha Rose, die den Kurs leitet, erklärt: „Gerade unsere jüngeren Schüler äußern immer wieder den Wunsch, Tieren zu helfen – in der AG haben sie dazu Gelegenheit."

14 Schüler haben sich bereits angemeldet. Einmal wöchentlich, drei Stunden lang, betätigen sie sich mit Roswitha Rose bei Hilfsorganisationen – Tierheimen, Zoos oder Vereinen wie den „Froschfreunden e.V.". Dabei profitieren alle Seiten: Die Organisationen freuen sich über die geballte Hilfe. Und die Kinder erfahren von Profis, wie man Tiere richtig pflegt und füttert. Dabei üben sie soziale Kompetenzen wie Verantwortungsbewusstsein und Teamarbeit. Ihre Lehrerin erhofft sich zudem einen Motivationsschub für den Biologieunterricht. Die Kinder selbst haben freilich andere Beweggründe, an der AG teilzunehmen: „Ich hoffe", sagt der elfjährige Anton Müller, „dass man da auch mal kleine Katzen kraulen kann."

Journalisten und Fotografen können die AG einen Tag lang begleiten. Nähere Informationen gibt es bei Roswitha Rose unter Telefon: ... oder E-Mail: ...

Pressemitteilung – Beispiel 2

Rübezahl-Realschule • Am Märchenwald 33 • 55 555 Felsenheim • www.ruebeschule.de

15. Mai 20..

Pressemitteilung
Innovatives Projekt an unserer Schule

Bildung ist heute ein viel diskutiertes Thema in Medien, Gesellschaft und Politik. Dessen ist sich auch die Rübezahl-Realschule Felsenheim bewusst. „Seit PISA ist es nötig", ist sich Rektor Meier sicher, „dass Schulen umdenken." Seit Jahren bemüht sich die Rübezahl-Realschule deshalb um Innovationen. Gerade sozial schwachen Jugendlichen gilt das Augenmerk. Geistige und körperliche Herausforderungen soll dabei das neue Projekt „Hausaufgabendisco" kombinieren. Dabei ist es allerdings nötig, dass die Schüler sich selbst einbringen.

Auch Oberstudienrätin Frau Müller ist sich der Verantwortung bewusst. „Gerade Schüler und Schülerinnen aus sozial benachteiligten Familien haben unsere Hilfe nötig." Dem pflichtet auch Konrektor Herr Schöne bei. Gemeinsam wird man alles tun, um den Problemen der Nachbarschaft Herr zu werden.

An die Herren und Damen Journalisten ergeht höflichst die Einladung, dem Projekt einmal selbst beizuwohnen.

Gezeichnet:

Rektor Herr Meier	Konrektor Herr Schöne	OstR Frau Müller

✓ Zu Beispiel 2 (Seite 64)

Was meinen Sie?

Ich finde diese Pressemitteilung tüchtig misslungen. Leider landen solche Texte mit schöner Regelmäßigkeit auf den Schreibtischen von Journalisten. Bevor ich alle Mängel aufzähle: Der schlimmste ist, dass ein wirklich interessantes Thema förmlich zwischen leeren Worthülsen versteckt wird. Die „Hausaufgabendisco", der Kern der Pressemitteilung, taucht erst nach fünf belanglosen Sätzen auf und wird dann nicht mal erklärt.

Aber von vorn: Die Überschrift könnte über Millionen Themen stehen – innovative Schulprojekte gibt es heute schließlich viele. Hier müsste unbedingt das Schlagwort „Hausaufgabendisco" vorkommen. Und statt „unsere Schule" würde ich den Titel der Schule nennen.

Dass Bildung für alle wichtig ist, wie im ersten Satz bemerkt, ist für den ersten Satz zu allgemein. Die ersten zwei Sätze sollen ja bereits den Kern der Nachricht verkünden und die Fragen „Was, wer, wo, wann?" erhellen. Die drei folgenden Sätze bleiben stur im gleichen Fahrwasser: Alle finden Bildung wichtig – Neues erfährt man hier nicht.

Erst der fünfte Satz lässt vage erahnen, um was es geht: Förderung sozial schwacher Schüler. Im sechsten Satz dann, allerdings erst an seinem Ende, taucht endlich die „Hausaufgabendisco" auf. Doch kaum hat der Redakteur sich durch das Dickicht aus Phrasen zu ihr vorgekämpft, schweift der Text schon wieder ab und geht zu Zitaten von Würdenträgern über. Man kann nur mutmaßen, was bei der Hausaufgabendisco passiert – möglicherweise steckt dahinter ein interessanter pädagogischer Kniff, um Schüler über den nachmittäglichen Hausarbeiten wach und aufnahmefähig zu halten.

Informationen, die fehlen, sind: Was passiert bei der Hausaufgabendisco? Welche Musik wird gespielt? Für welche Schüler ist sie gedacht? Wann und wie oft findet die Disco statt? Wer organisiert sie? Dass alle Zitierten ohne Vornamen und stattdessen mit dem drögen Zusatz „Herr" und „Frau" genannt werden, ist nur eine ärgerliche Randerscheinung.

Und die Einladung an die Journalisten klingt allzu gedrechselt. Weil drei Personen unterzeichnen, weiß der Redakteur nicht recht, an wen er sich wenden soll. Was nichts macht, weil eh keine Telefonnummer angegeben ist. Am Ende des Textes fühlt sich der Redakteur fast ein bisschen alleingelassen. Ach, herrje.

Pressemitteilung – Beispiel 3

Sieben-Geißlein-Grundschule • In den Hütten 18 • 69... Wiesloch • Telefon ... • 7geiss@t-online.de

17. März 20..

Artikel für Ihre Zeitung

Elterntag an der Sieben-Geißlein-Grundschule

Ein Erlebnis der besonderen Art erwartet Schüler und Lehrer der Sieben-Geiß-lein-Grundschule am kommenden Dienstag: Dann dürfen die Eltern der Kinder mit in die Klassenzimmer, um einen Tag lang „Bildung pur" zu erleben. Mathe, Englisch und Sport – ein Riesenspaß für Jung und Alt!

Für das leibliche Wohl der Eltern in den Pausen ist bestens gesorgt durch die Schulmensa – ein besonderes Schmankerl sind die Gemüse von der Salatbar. Mit dem Aktionstag soll die Zusammenarbeit zwischen Schule und Elternhaus verbessert werden.

Überzeugen Sie sich selbst von der hohen Qualität unseres Unterrichts! Kommen Sie zum Elterntag an der Sieben-Geißlein-Grundschule!

Mit freundlichen Grüßen,

Kathrin Bader, Schulleiterin, Telefon ...

Pressemitteilung – Beispiel 4

Glücksklee-Gymnasium • Grüner Weg 27 • 10 ... Berlin • Tel. ... • E-Mail ... • www.glueckskleegym.de

27. Februar 20..

Pressemitteilung

Trampolin für das Glücksklee-Gymnasium

Schon seit einigen Jahren beschäftigt sich der Elternbeirat des Glücksklee-Gymnasiums mit der Frage, wie man die Pause freundlicher und ereignisreicher gestalten könnte. In mehreren Sitzungen debattierte man über die Verpflichtung eines Sozialpädagogen, um die Kinder in den Pausen zu unterhalten. Dieser Vorschlag scheiterte nicht zuletzt an den Kosten. Vor einigen Monaten nun beschloss der Elternbeirat, stattdessen ein Spielgerät zur Bewegungsförderung anzuschaffen. Dies sollte mit Spenden zweier Leipziger Firmen finanziert werden. Zunächst waren eine Rutsche und ein Klettergerüst im Gespräch. Aber auch diese Idee wurde schnell wieder verworfen, weil viele Schüler sich dagegen aussprachen.

Stattdessen beschloss der Elternbeirat schließlich, ein Trampolin zu kaufen. Das drei mal drei Meter große Sportgerät steht nun im Pausenhof der Schule. In der Zukunft können Schüler der fünften bis achten Jahrgangsstufen darauf hüpfen. „Mit dem Trampolin findet man Spaß am Sport und ist wieder aufnahmefähig für die nächste Unterrichtsstunde", ist sich die zwölfjährige Tamara sicher.

Nähere Informationen gibt es bei Schulleiter Franz Müller unter Telefon ... oder per E-Mail an ...

✓ **Zu Beispiel 3 (Seite 66)**

Kommentar: Die Pressemitteilung könnte ebenso mit „Komm'se alle ma' ran" beginnen – sie ist ein unschöner Mix aus Plattitüden und Werbesprache, wie Wurstverkäufer auf dem Jahrmarkt sie gerne benutzen: „Überzeugen Sie sich", „besonderes Schmankerl", „Ein Riesenspaß für Jung und Alt" und „für das leibliche Wohl ist bestens gesorgt". Ausrufezeichen verstärken diesen Eindruck.

Über dem Text steht „Artikel" und nicht „Pressemitteilung". Schon im ersten Satz nervt eine Plattitüde: Zum „Erlebnis der besonderen Art" taugt sehr vieles, eigentlich alles. Die Schrift ist eng und unleserlich. Zudem ist die Pressemitteilung sehr kurz. Ein paar weitere Informationen hätten noch reingepasst.

Zugute halten muss man diesem Beispiel, dass es einigermaßen schnell zum Punkt kommt – Kinder dürfen ihre Eltern mit in die Schule bringen. Außerdem wird recht bald erklärt, warum es diese Aktion überhaupt gibt. Ein weiterer Bonus: Die Sätze sind, wenn auch nicht schön, doch kurz und übersichtlich gehalten.

✓ **Zu Beispiel 4 (Seite 67)**

Hallo, sind Sie noch wach? Dieser Text hält sich sklavisch an die Chronologie der Geschehnisse. Erst im achten Satz kommt er zum Punkt: Der Elternbeirat hat ein Trampolin für den Schulhof angeschafft! Das ist es, was den Leser – und damit den Redakteur – interessieren könnte. Schreiben Sie es an den Anfang! Darauf könnte folgen, welche Auswirkungen diese Tatsache für die Zukunft hat – und erst danach die Vorgeschichte, wie es zu der Entscheidung kam.

Die Nostalgie-Schrift würde besser in ein Poesiealbum passen. Sie ist schlecht lesbar und für eine Pressemitteilung ungeeignet. Ein weiteres Ärgernis ist das – leider einzige – Zitat im Text: Hat eine Zwölfjährige das wirklich so gesagt? Oder hat ihr ein Erwachsener das in den Mund gelegt? Die Formel „ist sie sich sicher" ist zudem unschön und verwirrend. „Sagt" wäre hier besser.

7 PR-Fotos

Wenn es das Thema hergibt, sollten Sie für Printjournalisten Fotos bereithalten. Leider stehen PR-Bilder in vielen Redaktionen in dem Ruf, entweder kitschig oder aber dröge und gestellt zu sein. Dabei ist es nicht schwer, ansprechende Bilder zu liefern, die dem Stil der Presse entsprechen.

Mit den folgenden Handwerksregeln gelingen Ihnen Aufnahmen, die den Wünschen der Redaktion entgegenkommen.

7.1 Technische Daten

Üblich für PR-Bilder ist eine Größe von 13 mal 18 Zentimetern. Extrem wichtig ist die Schärfe. Wenn Sie beim gedruckten Bild auch nur den leisesten Verdacht hegen, es könnte unscharf sein – machen Sie, wenn möglich, ein neues. Bei digitalen Bildern sollte die Auflösung mindestens 300 dpi betragen. Fotografieren Sie immer in Farbe und senden Sie die Bilder auch so an den Verlag. Dann kann die Redaktion selbst entscheiden, ob das Bild in Farbe oder klassischem Schwarz-Weiß gedruckt werden soll.

Übrigens sollten Sie die Bilder auf keinen Fall am Computer verändern, also weder störende Details eliminieren noch rote Augen umfärben. Aus berufsethischen Gründen dürfen Journalisten nur Originalbilder drucken – und solche erwarten sie auch von einer Pressestelle.

7.2 Bildinhalt

Was soll aufs Bild? Knipsen Sie nicht aufs Geratewohl drauf los, sondern machen Sie sich vorher klar, was wie auf den Fotos zu sehen sein soll. Nehmen Sie wirklich viele Bilder auf, um später aus einer möglichst großen Anzahl auswählen zu können.

Dafür empfiehlt sich eine Digitalkamera, weil Sie mit ihr beliebig viele Bilder aufnehmen können. Was nicht gefällt, wird gleich wieder gelöscht. Variieren Sie dabei Motive, Perspektiven und Bildausschnitte. So können Sie später eine abwechslungsreiche Palette an Fotos anbieten.

Lesen Sie im Folgenden mehr über diese Aspekte:

▶ Das Besondere fotografieren   ▶ Etwas Hübsches in den Vordergrund

▶ Klarheit   ▶ Ungewöhnliche Perspektiven

▶ Nähe   ▶ Keine Schnappschnuss-Gesichter

▶ Bewegung

✓ Das Besondere fotografieren

Das Foto sollte Ihre Pressemitteilung so klar wie möglich illustrieren. Auch ein eiliger Zeitungsleser muss später auf den ersten Blick erkennen, um was es geht. Leider wirken gerade Bilder aus dem Schulalltag oft recht austauschbar: Bevorzugt zeigen sie Kinder im Klassenzimmer. Um welches Fach oder Projekt es geht, ist selten erkennbar. Stattdessen sollten im Bild Hinweise auf das Thema zu finden sein: Wenn Ihre Schule ein Schulwegprojekt

> **Tipp**
> Inspirationen finden Sie auf Internetforen für Fotojournalisten – zum Beispiel dem Archiv von www.reportage.org oder unter www.digitaljournalist.org.

anbietet, könnten Kinder mit Leuchtreflektoren zu sehen sein, Verkehrsschilder und ein Zebrastreifen.

Ungeeignet dagegen ist ein Foto von Eltern, die das Projekt hochtheoretisch im Klassenzimmer besprechen. Diese Szene könnte schließlich eine Fülle von Themen illustrieren: Elternabend, Volkshochschule, Klassentreffen. Generell sollten bei Schulthemen eher Schüler im Bild sein als Erwachsene.

✓ Klarheit

Um das Besondere auf einem Bild hervorzuheben, darf es kein riesengroßes Kuddelmuddel darstellen. Letzteres trübt die Verständlichkeit, aber auch die Ausdrucksstärke. Deshalb gilt:

▶ Der Hintergrund sollte möglichst aufgeräumt sein.

▶ Drei Schüler kommen auf einem Bild besser zur Geltung als 13 Schüler.

▶ Wenn eine Stange in die Szene ragt, von der der Leser nicht weiß, wofür sie gut ist, schadet das dem Bild.

▶ Vorsicht bei seltsamen Überlappungen: Ein Maibaum wirkt, aus ungünstiger Perspektive fotografiert, unter Umständen wie eine Stange, die dem Schuldirektor aus dem Kopf wächst.

▶ Wenn Sie Menschen in schwarzer Kleidung vor einer schwarzen Wand postieren, ist auf dem Foto oft nur noch der Kopf zu sehen. Gruselig! Achten Sie deshalb auf klare Farbkontraste.

▶ Nehmen Sie Porträtbilder immer vor einer einfarbigen Wand auf.

✓ Nähe

Ein Bild, das Menschen aus der Nähe zeigt, ist nicht nur in den meisten Fällen übersichtlicher, sondern bringt Mimik und Gestik auch besser zur Geltung. Wenn Kinder am ersten Schultag mit offenem Mund die Lehrerin anschauen, als wäre sie ein Alien, dann erkennt man das aus der Nähe, nicht aber aus zehn Metern Abstand. Gehen Sie also bei den meisten Bildern nah ran mit dem Objektiv. Digitale Fotos können Sie am Computer eventuell noch zoomen – und aus einem großen Wuselbild vielleicht doch noch eine ausdrucksstarke Szene herauspicken. Allerdings muss das Bild dann auch noch scharf genug sein.

✓ Bewegung

Am besten ist, es passiert etwas auf dem Foto, und das nicht zu knapp: Ein Kind jongliert, zwei Schülerinnen telefonieren mit Handys, der Chemielehrer reißt ein Reagenzglas mit dampfender Flüssigkeit nach oben. Solche Szenen bringen Schwung ins Bild. Dabei ist es nötig, die Kamera zum richtigen Zeitpunkt zu zücken: Der Sieger des Sportfestes wird beim Salto gezeigt und nicht bei der Siegerehrung. Das Fach Technik für Mädchen wird mit einer Schülerin beim Löten illustriert, nicht mit einem Mädchen, das bewegungslos im Klassenzimmer sitzt.

Was aber, wenn das Thema ein eigentlich statisches ist? Dann ist Ihre Fantasie gefragt. Zum Beispiel, wenn Ihre Schule 100 Jahre alt wird. Bitte schicken Sie keine Fotos vom Schuldirektor mit dem Jahrbuch in der Hand! Besser: Kramen Sie im Archiv nach einer uralten Aufnahme aus den Anfangsjahren der Schule. Zum Beispiel eine Schulklasse, die – wie damals üblich – streng in die Kamera guckt. Dem stellen Sie ein modernes Schülerbild gegenüber, das die Strenge des alten Bildes kontrastiert. Ein Junge beim Breakdance-Projekt vielleicht. So haben Sie mit nur zwei Bildern plakativ die lange Geschichte Ihrer Schule illustriert. Und der Leser wird auf den ersten Blick verstehen: Hier geht es um die Historie einer Schule.

✓ Etwas Hübsches in den Vordergrund

Eine banale, aber wirkungsvolle Faustregel beim Fotografieren lautet: Vordergrund macht Bild gesund. Blumen im Vordergrund eines Bildes vom Klassenausflug auf die Bundesgartenschau geben dem Bild Tiefe, lassen es plastischer erscheinen und machen es damit interessant. Aber auch Grashalme im Vordergrund eines Picknicks oder eine zum Melden gereckte Kinderhand vor einer dozierenden Lehrerin können ein Bild spannender machen. Ein Beispiel finden Sie auf Seite 72.

Die Blumen geben dem Bild Tiefe und deuten unmissverständlich auf das Thema Gartenarbeit hin. Die Schüler im Hintergrund stehen nicht einfach herum, sondern tun etwas: Blumen gießen und Äste schneiden. Dass nur zwei Schüler abgebildet sind und nicht 20, macht die Szene zudem klar und übersichtlich.

✓ **Ungewöhnliche Perspektiven**

Eine ungewöhnliche Perspektive kann aus einem langweiligen Motiv ein tolles Reportagebild machen: Ein Bild aus einem Baumhaus heraus, hinab auf einen sich abseilenden Jungen, gibt dem Betrachter das Gefühl, im Zentrum des Geschehens zu sein.

Dabei kann ein Utensil, das auf das Thema hinweist, den Perspektivwechsel auslösen: Das Bild einer vor sich hingrübelnden Schulklasse ist langweilig und sagt wenig aus. Durch das Fenster eines Geodreiecks hindurch fotografiert, wird die Sache schon interessanter – und auch der unkonzentrierteste Leser versteht: Hoppla, hier geht es um Mathe.

Auch beim Fotografieren durch Wasser ergeben sich interessante Brechungen. Diese können zum Beispiel die Themen „Fische im Biologieunterricht" oder „Wasserball im Schulsport" illustrieren. Wichtig ist jedoch, dass alles noch gut erkennbar ist.

Beispielbild für eine ungewöhnliche Perspektive: Das Geodreieck gibt dem Motiv einen Rahmen, verleiht ihm damit Tiefe und verweist aufs Thema. Mit nur einem Kind ist das Bild gut überschaubar. Und weil es aus der Nähe aufgenommen ist, kann man seinen konzentrierten Gesichtsausdruck gut erkennen.

✓ Keine Schnappschuss-Gesichter

Auf Privatfotos kommt es vor, dass dem einen oder anderen die Gesichtszüge entgleiten: Ein Schüler grinst mit halb geschlossenen Augen Richtung Kamera, ein anderer starrt seltsam entrückt vor sich hin, ein dritter gähnt hemmungslos. Im Familienkreis sorgen solche Fotos für Amüsement – bei Redakteuren nicht. Mit verzerrten Gesichtern wirkt ein Foto automatisch unprofessionell, eben wie ein Schnappschuss. Außerdem tun Sie der abgebildeten Person keinen Gefallen: Mit einem missglückten Bild in der Presse aufzuscheinen, ist sehr unerfreulich. Dabei gibt es Ausnahmen: Wenn jemand auf der Tartanbahn rennt, liegt es in der Natur der Sache, dass ihm die Gesichtszüge entgleiten.

7.3 Lieber nicht!

So lieber nicht: Ein Pulk Schüler hat sich samt Lehrer fürs Foto aufgestellt und guckt mehr oder minder interessiert in die Kamera. Zum Gähnen! Dem Bild mangelt es an Bewegung, Spannung und themenspezifischen Requisiten; neutral, wie es ist, könnte es ungefähr 17 000 Themen illustrieren. Solche Bilder gehören ins Jahrbuch, aber nicht in die Zeitung.

Vorsicht! Es gibt Fotomotive, die Journalisten nicht mehr sehen können. Dies sind die unbeliebtesten:

▶ Untätige Schülerpulks, die mehr oder minder interessiert in die Kamera gucken

▶ Lehrer/Schulleiter/Eltern im Dialog

▶ Würdenträger, die auf der Bühne der Schulaula stehen oder dem Schulleiter die Hand schütteln

▶ Nicht mehr ganz frische Bilder von Jugendlichen mit Hosen und Haarschnitten aus den Achtzigerjahren

▶ Scheckübergaben – auch wenn der Scheck für den Termin riesenfach vergrößert wurde

▶ Lehrer, die auf einer Fortbildungsveranstaltung hörenderweise in Stuhlreihen sitzen

▶ Erwachsene, die sich gegenseitig Blumensträuße überreichen

Ich muss eine Einschränkung machen: In den Lokalzeitungen ländlicher Gebiete sieht man nicht selten Fotos, wie ich sie in diesem Kapitel geißle: Der Schulleiter übergibt der Mutter einen Blumenstrauß, Schüler nehmen einen Scheck entgegen oder stehen einfach nur da. Das liegt daran, dass auf dem Dorf die persönliche Nähe noch schwerer wiegt: Den Schulleiter der einzigen Bildungsstätte am Ort kennt fast jeder – als Schüler, Lehrer, Elternbeiratsmitglied oder Nachbar. Zu sehen, was er tut, ist interessant – egal, wie steif die Szene wirkt. Mit einem wirklich guten Foto haben Sie trotzdem einen Vorteil: Sie können sich positiv von solch drögen Bildern absetzen. Vielleicht fällt es der Redaktion nicht auf; vielen Lesern schon.

7.4   Bildunterschrift

Servieren Sie zu jedem Bild eine Bildunterschrift, von Journalisten kurz BU genannt (gesprochen: „Be-U"). Diese soll erklären, nicht einfach nacherzählen, was auf dem Bild zu sehen ist, und zudem weitere Informationen liefern.

Statt „Drei Schüler gießen Blumen" schreiben Sie besser: „Im Schulgarten der Schiller-Grundschule gießen die Drittklässler Ingo Karl (links) und Moritz Meier die Pfingstrosen. Wegen des heißen Sommers brauchen diese Blumen derzeit besonders viel Wasser." Ist eine Gruppe von Personen zu sehen, werden sie am Ende der Bildunterschrift mit vollem Namen, Funktion und dem Hinweis „von links nach rechts" aufgeführt. Zum Beispiel: „Die Grundschüler am Färbergraben sollen alte Kinderspiele wie Sackhüpfen, Topfschlagen und Wurstschnappen wieder lieben lernen – und sich dabei mehr bewegen als bei Computerspielen. Von links nach rechts in den Kartoffelsäcken: Deutschlehrerin Mona Schmidt, Englischlehrer Patrick Ernst und die Drittklässler Lisa Müller und Tim Strobel." Als Urheber geben Sie die Schule an: „Foto: Schiller-Grundschule".

7.5   Wie verschicken?

Dem Redakteur mangelt es für gewöhnlich an Zeit. Senden Sie ihm deshalb nicht den Ausschuss, all die verwackelten und aussagelosen Bilder, in der Hoffnung, er werde sich über möglichst viele Fotos freuen. Treffen Sie eine Vorauswahl von höchstens zehn Bildern, die sich an den Tipps in diesem Kapitel orientieren.

Sie können die Bilder digital oder per Post verschicken. Wenn sie Ihnen digital vorliegen: Senden Sie sie nicht gleich in bestmöglicher Auflösung an die Redaktion. Das sorgt für Verdruss, weil große E-Mail-Anhänge regelmäßig das Computersystem überlasten. Besser, Sie schicken die Fotos zunächst in einer relativ geringen Auflösung als E-Mail. Der Redakteur kann sie am Computer begutachten und seine Favoriten gegebenenfalls in einer besseren Auflösung auf CD oder per E-Mail anfordern.

7.6   Das Recht am eigenen Bild

Journalisten können an Ihrer Schule nicht einfach wild in die Menge knipsen. Nach § 22 Kunsturhebergesetz dürfen Bildnisse „nur mit Einwilligung des Abgebildeten verbreitet oder öffentlich zur Schau gestellt werden". Informieren Sie deshalb vorab jene Kollegen und Eltern, die beim Pressetermin vor eine Linse geraten könnten. Erklären Sie, um was es dabei geht, in welchem Zusammenhang der Bericht steht und wo er erscheinen soll. So fühlt sich niemand überrumpelt und kann sich vorher so zurechtmachen, wie er in der Öffentlichkeit gezeigt werden möchte. Akzeptieren Sie aber, wenn ein Kollege sich partout nicht fotografieren lassen möchte; das ist sein gutes Recht.

Allerdings wird die Redaktion auch Schüler fotografieren wollen. Hier wird es etwas komplizierter. Denn obschon Kinder und Jugendliche es meistens aufregend finden, in der Zeitung abgebildet zu sein: **Bei Minderjährigen ist immer die Einwilligung der Eltern oder Erziehungsberechtigten nötig.** Dies sollten Sie bei der PR-Arbeit sehr ernst nehmen. Eltern reagieren bisweilen – zu Recht – empfindlich und sogar mit rechtlichen Schritten, wenn sie morgens die Zeitung aufschlagen und dort überraschend ihr Kind entdecken. Anders sieht es freilich bei Schülern am Gymnasium oder an der Berufsschule aus, die mindestens 18 Jahre alt sind. Sie können selbst entscheiden, ob sie fotografiert und zitiert werden wollen oder nicht.

Als PR-Treibender sollten Sie deshalb vorbauen: mit **schriftlichen Einverständniserklärungen**, die Sie den Eltern früh genug zukommen lassen. Schicken Sie jeweils eine Seite. Oben stellen Sie Thema und Medium dar. Unten können die Eltern per Unterschrift ihre Einwilligung erteilen. Idealerweise weisen Sie die Eltern persönlich auf das Vorhaben hin – zum Beispiel, wenn Sie sie wenige Tage vorher beim Elternabend treffen. Eine schriftliche Bestätigung sollten Sie dann aber trotzdem noch einholen. So sind Sie rechtlich auf der sicheren Seite. Wenn der Fotograf beim Pressetermin die Kamera zückt, nehmen Sie die Kinder ohne Foto-Einwilligung einfach kurz aus den Reihen.

Falls der Fototermin sehr kurzfristig anberaumt wurde, zum Beispiel schon für morgen oder sogar heute, ist es fast aussichtslos, alle Eltern zu erreichen. Picken sie sich dann drei Kinder heraus, zu deren Eltern sie einen besonders guten Draht haben, und rufen sie diese Väter und Mütter an. Berichten Sie ihnen vom Besuch des Fotografen und erbitten Sie die Einwilligung. Falls die Eltern sie erteilen, können Sie noch das Formular zufaxen und um ein rasches Antwortfax – mit Unterschrift – bitten. So haben Sie drei Kinder, die aufs Bild dürfen; meistens reicht diese Anzahl ohnehin aus.

Ein Beispiel für einen Elternbrief finden Sie auf Seite 77.

Beispiel – Elternbrief

Valentin-Grundschule
Am Anger 13
80 .... München

24. Januar 20..

Hinweis auf einen Pressetermin

Sehr geehrte Eltern, sehr geehrte Erziehungsberechtigte,

am 23. Januar bekommt unsere Schule Besuch vom Isar-Kurier. Die Redaktion will in einer Reportage über unseren neuen Gebärdensprach-Kurs berichten.

Die Schulleitung hat davon Kenntnis und ist einverstanden. Für das Zitieren und Fotografieren der Schüler ist jedoch die Einwilligung der Erziehungsberechtigten nötig. Sie können diese im Folgenden erteilen. Bitte geben Sie Ihrem Kind dieses Formular bis zum 22. Januar wieder mit in die Schule oder faxen Sie es an die Nummer 089/... .

Sollten Sie Fragen haben, wenden Sie sich an mich unter Telefon: 0173/... .

Mit Dank und freundlichen Grüßen,

Wilhelm Schmidt, Schulleiter

Einwilligungserklärung

Hiermit erteile ich meine Einwilligung, dass mein Sohn/meine Tochter ....
.... bei oben genanntem Termin befragt und fotografiert werden darf.

_____
Unterschrift Erziehungsberechtigter

8 Die Pressekonferenz

Wenn Sie ein Thema für so gewichtig halten, dass mehrere Journalisten ausführlich und persönlich davon erfahren sollten, empfiehlt sich eine Pressekonferenz. Prüfen Sie vorher, ob die fragliche Nachricht die Journalisten wirklich anlocken wird. Die Kriterien „Neuigkeit" und „viele Betroffene" sollten zumindest erfüllt sein (siehe Kapitel 4, *Nachrichten-*  *werte nutzen*, Seite 38 ff). Falls nur ein, zwei Journalisten eintrudeln, hätten Sie sie schließlich auch – weniger aufwendig – mit einer Pressemitteilung informieren können. Journalisten erwarten handfeste Nachrichten, wenn sie den Vormittag für eine Pressekonferenz opfern.

Themen einer Pressekonferenz könnten sein:

▶ drohende Schließung der Schule aus politischen, wirtschaftlichen oder gesellschaftlichen Gründen

▶ ein Pilotprojekt, das landesweit Nachahmung finden könnte

▶ eine Fachtagung, aus der wirklich wichtige Ergebnisse hervorgegangen sind

▶ extremer Platzmangel an der Schule, gegen den die Gemeinde nichts tut

▶ Richtigstellung böser Gerüchte, die bislang in den Medien oder der Öffentlichkeit kursierten.

Sollten Sie sich zu einer Pressekonferenz entschließen, beherzigen Sie die folgenden Tipps.

8.1 Der ideale Termin

Als Zeitpunkt schlage ich 11 Uhr oder 11.30 Uhr an einem Werktag vor. Dann haben die meisten Journalisten ihre Morgenkonferenz hinter sich, die Mittagspause noch vor sich und am Nachmittag genügend Zeit, den Artikel zu formulieren. Termine am Nachmittag sind dagegen ungünstig – auf der Beliebtheitsskala ganz unten rangiert der Freitagnachmittag. Auch für eine Pressekonferenz am frühen Morgen, etwa um 7 oder 8 Uhr, werden Sie Journalisten nicht erwärmen können; ihr Arbeitstag beginnt für gewöhnlich später als der der Lehrer.

Prüfen Sie, ob der anvisierte Termin nicht mit einer wichtigen Pressekonferenz in der Umgebung zusammenfällt. Wenn das Kultusministerium just am selben Tag eine Pressekonferenz gibt, könnte es auf der Ihren recht leer bleiben. Schließen Sie zudem aus, dass ein absehbares Großereignis Ihrem Thema die Show stiehlt: Wenn die Stadt an diesem Tag ihren 500. Geburtstag feiert, könnte die örtliche Zeitung dafür mehrere Sonderseiten eingeplant haben – und Ihr Thema in eine kleine Randmeldung quetschen. Rufen Sie gegebenenfalls eine Redaktion Ihres Vertrauens an und fragen Sie nach.

Die Pressekonferenz darf nicht den ganzen Schulbetrieb lahmlegen: Es müssen lediglich die Schüler und Lehrer freigestellt werden, die selbst referieren.

8.2   Einladung

Versenden Sie etwa eineinhalb Wochen vor der Pressekonferenz eine schriftliche Einladung, postalisch, als Fax oder E-Mail (Beispiel siehe Seite 80).

Wichtigste Informationen sind:

▶ eine Überschrift, aus der das Thema der Pressekonferenz hervorgeht.

▶ Datum und Zeit.

▶ eine kompakte Information, was bei der Pressekonferenz zu erfahren sein wird.

▶ der Ort mit Adresse und Zimmernummer, gegebenenfalls mit einem kurzen Hinweis wie „gegenüber dem Sekretariat".

▶ eine Aufzählung der Referenten, die an der Pressekonferenz teilnehmen werden. Schreiben Sie dabei nicht hin, wer „angefragt wurde", sondern wer tatsächlich kommt.

▶ eine Telefonnummer und E-Mail-Adresse, an die sich die Journalisten vorab wenden können.

▶ nach Belieben den Zusatz „Wir bitten Sie, sich anzumelden unter ...". In der Praxis melden sich Journalisten ob des Termindrucks fast nie an. Sie erscheinen einfach – oder eben nicht. Statt schriftlich um Anmeldung zu bitten, empfehle ich daher, lieber zwei Tage vor dem Termin noch einmal telefonisch nachzufragen.

▶ Sprechen Sie den Redakteur möglichst persönlich an. Aber schicken Sie die Einladung vorsichtshalber noch an einen Kollegen oder das Sekretariat.

Beispiel – Einladung zur Pressekonferenz

Picasso-Schule   Freitag, 12. Mai 20..
Mozartweg 7
1..... Leipzig
Telefon ... / ...

Einladung zur Pressekonferenz „Deutsch-spanische Klassen"

Sehr geehrter Herr Liebig,

bei einer Pressekonferenz am kommenden Donnerstag möchten wir Ihnen ein neues Sprachangebot an unserer Schule vorstellen. Ab September bieten wir, sachsenweit einmalig, bilinguale Klassen an, in denen Schüler und Lehrer weite Teile des Unterrichts auf Spanisch bestreiten. Das Kultusministerium will in den nächsten Jahren fünf weitere deutsch-spanische Klassen in Sachsen einrichten. Wir würden uns freuen, Sie selbst oder einen Kollegen auf der Pressekonferenz begrüßen zu dürfen.

     Ort: Picasso-Schule

                Klassenzimmer Nummer 3.1

                Mozartweg 7, Leipzig

     Zeit: Donnerstag, 18. Mai, um 11 Uhr

Neben der Spanischlehrerin und einem Vertreter des Kultusministeriums werden auch Schüler des laufenden Spanisch-Wahlkurses Auskunft geben.

Für weitere Informationen erreichen Sie mich unter Telefon ... oder der E-Mail-Adresse ... .

Schöne Grüße,

_____

                    Peter Hornung

8.3   Ort und Ausstattung

▶ Als **Raum** für die Pressekonferenz kann ein größeres Klassenzimmer dienen. Denkbar sind aber auch die Bibliothek, das Konferenzzimmer oder der Computerraum. Wenn der Raum zum Thema passt – umso besser.

▶ Sorgen Sie für genügend **Stühle** sowie Tische als Schreibunterlage.

▶ Neben das Lehrerpult reihen Sie zwei weitere Tische, damit alle Referenten bequem nebeneinander Platz haben und ihre eigenen Unterlagen ablegen können.

▶ Ganz wichtig: Vor jedem Referenten steht ein **Schild mit seinem vollen Namen und seiner Funktion**: „Ilse Bader, Spanischlehrerin" zum Beispiel. Wenn Sie Unterrichtsatmosphäre vermeiden wollen, schieben Sie die Pulte zu einem Konferenztisch zusammen, an dem alle im Kreis sitzen können.

▶ Bereiten Sie **Pressemappen** vor. Dazu kaufen Sie handelsübliche Kartonmappen in einer Farbe, die zur Schule passt. In diese Mappe sortieren Sie: Eine Pressemitteilung, eine CD-ROM mit Pressefotos (falls es Fotos gibt) sowie die vorab verfassten Vorträge der Referenten. Letztere helfen den Journalisten enorm, weil sie so nicht jedes Wort mitprotokollieren müssen. Über die Vorträge schreiben Sie Namen und Funktion des jeweiligen Referenten sowie den Zusatz „Es gilt das gesprochene Wort". Schließlich sollen die Referenten nicht strikt ablesen, sondern vorrangig frei formulieren. Legen Sie einen Stoß Pressemappen aus, an dem sich die Journalisten beim Hereinkommen bedienen können.

▶ Neben den Pressemappen postieren Sie auch eine **Teilnehmerliste**, in die sich die Journalisten samt Telefon, Fax und E-Mail eintragen (siehe Vorlage Seite 82). Falls sie sie nicht von selbst ausfüllen, geben Sie die Liste noch einmal durch die Reihen. So entwischt Ihnen keiner.

▶ Halten Sie zwei bis drei **Not-Kugelschreiber** bereit für Journalisten, die ihr Schreibwerkzeug vergessen haben. Das kommt vor. Allerdings müssen Sie nicht jede einzelne Pressemappe mit Stift und Schreibblock bestücken.

▶ **Getränke** wie Kaffee, Wasser und vielleicht Saft sollten dagegen, samt Tassen und Gläsern, bereitstehen. Damit halten Sie die Medienvertreter während der Pressekonferenz frisch und aufnahmefähig.

▶ Verzichten Sie auf Geschenke und schicke Buffets. Die Mär, dass Journalisten sich von Mitbringseln und Lachshäppchen mit Leichtigkeit zu Artikeln verführen lassen, ist überholt. Sparen Sie sich das Geld – das Zuckerl, mit dem Sie Journalisten locken, ist das interessante Thema.

▶ Checken Sie vorher: Sind alle Zimmer aufgesperrt, in die Sie die Journalisten während der Pressekonferenz führen wollen?

▶ Bringen Sie auch Dia-Projektoren, Beamer und Ähnliches vorab in Position und probieren Sie sie noch einmal aus.

Teilnehmerliste Schulpressekonferenz

MEDIUM	VERTRETER	TELEFON	FAX	E-MAIL

8.4   Dauer

Es ist besonders wichtig, dass die Pressekonferenz so kurz wie möglich ausfällt, nicht länger als eine Stunde. Journalisten stehen meistens unter Zeitdruck und müssen am Nachmittag vielleicht noch einen zweiten Artikel recherchieren; eine überdehnte Pressekonferenz könnten sie mit lustloser Berichterstattung quittieren. Überhaupt sind Journalisten gemeinhin keine sehr höflichen Zuhörer. Wenn Thema oder Dramaturgie der Pressekonferenz sie langweilen, werden sie sie vorzeitig verlassen.

8.5   Der Moderator

Dem Moderator kommt während der Pressekonferenz eine besonders wichtige Rolle zu. Er repräsentiert die Schulgemeinschaft vor der Presse. Deshalb sollte er freundlich, verbindlich und von seiner Sache angemessen begeistert sein. Statt vom Blatt abzulesen, sollte er unbedingt frei sprechen; von Schülern erwartet man das bei Referaten ja auch. Stichwörter auf einem Zettel zu benutzen ist dagegen in Ordnung; das gibt auch das sichere Gefühl, nichts vergessen zu haben.

Der Moderator sollte sich bemühen, bei der Pressekonferenz alle Journalisten absolut gleich zu behandeln. Auch wenn ihm ein Medium insgeheim besonders lieb ist, dürfen ihm keine Sätze entgleiten wie: „Gott sei Dank, der Herr Maier vom Stadtkurier ist auch gekommen!" Dieses Verhalten ist nicht nur den vernachlässigten Medienvertretern unangenehm, sondern oft auch den umworbenen. Besonders peinlich ist es Journalisten, wenn PR-Leute über sie sagen: „Mit dem Herrn Schmidt haben wir ja schon immer sehr gut zusammengearbeitet." Für die Kollegen hört sich das an, als werde da einer im Gegenzug für positive Berichte mit Pralinen gefüttert.

8.6   Ablauf der Pressekonferenz

✓ **Begrüßung**

Zunächst begrüßt der Moderator die Gäste in kurzen, einleitenden Worten und reißt das Thema der Pressekonferenz an – zum Beispiel: Chinesisch als Abiturfach.

✓ **Infos zum Ablauf**

Dann gibt er den Ablauf der Pressekonferenz bekannt. So können die Journalisten abschätzen, was sie erwartet und wann sie Fragen stellen können.

✓ Die Vorstellung

In einer kurzen Vorstellungsrunde nennt der Moderator den vollen Namen und die Funktion jedes Referenten. Zum Beispiel: „Unsere Lehrerin Inge Krämer wird ab dem nächsten Schuljahr Chinesisch als Abiturfach unterrichten." Oder: „Unser Schüler Thomas Meier besucht die achte Klasse und nimmt schon jetzt an einer Chinesisch-AG an unserer Schule teil."

✓ Die Stunde der Referenten

Bitten Sie vor der Pressekonferenz alle Vertreter der Schule, sich möglichst kurzzufassen. Nicht mehr als vier Personen sollten sprechen, zum Beispiel der Schulleiter, ein Lehrer, ein Mitglied des Elternbeirats und ein Schüler. Wichtig ist, dass sich die Referenten gegenseitig nicht wiederholen oder gar widersprechen. Inhalte sollten sie deshalb vorher in etwa absprechen. Der Schulleiter könnte das Thema im Groben beleuchten, eine Lehrerin die pädagogische Seite darstellen, ein Vater das Engagement der Eltern und ein Schüler die Reaktionen seiner Mitschüler.

Die Referenten sollten möglichst anschaulich sprechen, gewürzt mit Beispielen aus dem Schulalltag. Zudem kann sich jeder einen besonders interessant formulierten, griffigen Satz ausdenken. Falls die Schule die letzten Türkisch-Muttersprachkurse des Bundeslandes anbietet zum Beispiel „Wir sind die Arche Noah der türkischen Sprache". Solche bildhaften Sätze werden von Journalisten gerne zitiert – und bieten sich nebenher als Überschrift an.

✓ Fragen der Journalisten

Nachdem alle Referenten zu Wort gekommen sind, können die Journalisten Fragen stellen. Bei den Antworten sollten die Referenten immer konkret bleiben und sich kurzfassen. Bei langen Ausführungen, die weit von der Frage abdriften, werden Journalisten nervös. Außerdem vermitteln schwammige Antworten oft den Eindruck, etwas solle vertuscht werden.

✓ Einzelinterviews

Anschließend können die Journalisten noch Einzelinterviews führen. Radio- und Fernsehsender brauchen oft „O-Töne", also gesprochene „Original"-Zitate und Einschätzungen. Dafür ist ein ruhiger Raum nötig. Tipps zu Interviews gibt es im folgenden Kapitel (Seite 86 ff.).

✓ „Vor Ort"-Besuch

Wenn Sie den Journalisten einen besonderen Gefallen tun wollen: Geben Sie ihnen im Anschluss an die Einzelinterviews – oder schon währenddessen – Gelegenheit, das in der Pressekonferenz Besprochene selbst zu erleben. Zu diesem Zweck könnten sie zum Beispiel den Kurs „Chinesisch als Abiturfach" selbst besuchen; falls er noch gar nicht existiert, besteht vielleicht schon eine Chinesisch-AG an der Schule. Für die Medienvertreter sollten hinten in der Klasse Stühle und Pulte bereitstehen. Machen Sie vorher klar, dass jeder Journalist gehen kann, wann er will. Der Gedanke, bis zum Pausengong bleiben zu müssen, könnte sonst abschrecken.

Auf den Besuch der Presse muss die Klasse natürlich vorbereitet sein; schon deshalb, weil für Fotos und Zitate die Erlaubnis der Eltern nötig ist. Der Lehrer sollte an diesem Tag eine Unterrichtseinheit wählen, die möglichst anschaulich ist – zum Beispiel ein Spiel mit chinesischen Vokabeln oder eine Übung mit Schriftzeichen an der Tafel. Eben etwas, das die Journalisten als Szene beschreiben können. Denken Sie auch an die Fotografen: Im Chinesisch-Unterricht könnten zum Beispiel riesige Schriftzeichen auf Schildern an der Tafel lehnen.

Allerdings: Drängen Sie den Journalisten kein „Exklusiv-Interview mit dem Schulleiter" und keine Stippvisite im Sprachlabor auf, wenn sie partout nicht interessiert sind.

✓ Der Nachmittag danach

Verabschieden Sie sich von allen freundlich – und ohne verschwörerische Sätze wie „Wir hoffen auf wohlwollende Berichterstattung." Auch nach der Pressekonferenz kommen häufig noch Fragen auf. Die Journalisten sollten deshalb eine Telefonnummer haben, unter der bis zum Abend jemand erreichbar ist – zum Beispiel Ihre Handynummer.

9 Das Interview

Ob am Ende einer Presse-
konferenz, bei einem per-
sönlichen Treffen oder am
Telefon: Als Sprecher der
Schule werden Sie ab und
an ein Interview geben müssen. Vielen Menschen wird
schon beim Anblick eines
Mikrofons mulmig in der
Magengegend. Doch statt
in Panik zu geraten: Freuen
Sie sich! Ein Interview bietet
die beste Gelegenheit, Ihre
Schule in leuchtenden Farben darzustellen.

9.1 Vorbereitung

Hier einige Tipps, wie Sie sich optimal vorbereiten:

▶ Machen Sie sich in Gedanken eine Liste, welche **Botschaften** Sie vermitteln
  möchten. Hoffen Sie nicht einfach darauf, dass Ihnen schon aus dem Bauch
  heraus etwas einfallen wird.

▶ Fragen Sie den Journalisten vorab nach den **Umständen des Interviews**:
  Wie lange wird es dauern? Um welches Thema geht es konkret? Lässt der
  Journalist ein Band mitlaufen oder schreibt er alles per Hand mit? Wird das
  Interview aufgezeichnet oder live gesendet (Letzteres ist seltener der Fall)?
  Je mehr Informationen Sie haben, desto besser können Sie sich vorberei-
  ten.

▶ Besonders vor **Live-Interviews**: Fragen Sie den Journalisten, welche Themen er anschneiden oder welche Fragen er stellen will. So können Sie einige Antworten schon in Stichworten vorbereiten. Lernen Sie aber keine
  kompletten Formulierungen auswendig! Das lässt Sie im Interview sonst
  wie ferngesteuert wirken.

▶ **Wichtig**: Machen Sie vorher klar, dass Sie das Interview vor Erscheinen
  noch einmal lesen möchten (Siehe Kapitel 9.3, *Autorisieren von Interviews*,
  Seite 89).

▶ Nehmen Sie einen **Waschzettel** (siehe Kapitel 1.4, Seite 16 f.) mit grundlegenden Informationen über die Schule mit zum Interview. So stehen Sie auch bei banalen Fragen, etwa nach der Schülerzahl, nicht blank da.

▶ Bei Fernsehinterviews kommen Sie in gedeckten, blassen Farben am besten zur Geltung. Verzichten Sie bei der **Kleiderwahl** auf quietschiges Blau, Grün oder Rot sowie auf kleine Karo- oder Hahnentrittmuster. Gerade kleinteilige Muster können am Bildschirm ein Flimmern provozieren. In schwarzer und weißer Kleidung dagegen könnten Sie optisch versinken.

▶ **Unmittelbar vor dem Gespräch**: Hetzen Sie nicht zum Interview. Wenn Sie gerade ein paar Stockwerke im Treppenhaus hochgerannt sind, hört sich auch Ihre Stimme kurzatmig und gehetzt an.

▶ Trinken Sie vor dem Interview **keinen Sprudel**! Wenn Sie ständig fürchten müssen aufzustoßen, sind Sie im Gespräch nicht entspannt.

9.2   Während des Interviews

✓ Sprechtempo

Sprechen Sie langsam und ruhig. Damit tun sie sowohl dem Zeitungsjournalisten einen Gefallen, der den Text später vom Tonband abschreiben muss, als auch dem Rundfunkreporter, der das Interview anschließend schneiden muss. (Allerdings: Ein kleines bisschen Dynamik sollte schon noch erkennbar sein. Wenn Sie im Freundeskreis also als gemächlicher Redner bekannt sind, sollten Sie im Interview sogar ein bisschen auf die Tube drücken.)

✓ Erst nachdenken, dann antworten

Auf viele Menschen hat der Anblick eines Mikrofons vor ihrer Nase einen unheiligen Effekt: Sie glauben, sofort los- und dann lückenlos weiter sprechen zu müssen. Dem ist nicht so. Ein Mikrofon ist keine Waffe; wenn Sie die Frage gehört haben, können Sie durchaus erst einmal nachdenken – rot blinkendes Kameralämpchen hin oder her. Nehmen Sie sich so viel Zeit, wie Sie auch in einem normalen Gespräch für die Antwort einer kniffligen Frage brauchen würden. Ihre Denkpause wird vom Radiohörer später nicht mehr bemerkt. Denn der Hörfunkjournalist wird sie eher herausschneiden, als dem Hörer ein längeres Geräuschvakuum zuzumuten.

Eine Ausnahme ist das Live-Interview. Wenn Sie sich hier länger Zeit lassen, hört man es natürlich. Sie helfen dem Journalisten, diese Situation aufzufangen, indem Sie etwas sagen wie: „Da muss ich einen Moment nachdenken." Und es steht einem Schulleiter ja nicht schlecht zu Gesicht, wenn er vor dem Losplappern nachdenkt – Schülern impft man das schließlich auch ein.

Egal ob bei aufgezeichneten oder Live-Interviews: Wenn Sie die Frage nicht verstanden haben, bitten Sie freundlich um Klärung. Der Journalist wird sich bei den weiteren Fragen bemühen, sie konkreter und verständlicher zu formulieren. Denn schwammige Fragen zu stellen, ist in seiner Branche keine Zier.

✓ Einfach konstruierte Sätze

Bedenken Sie, dass Interviews Gesprächsprotokolle sind. Ihre Zitate sollten nicht zu staatstragend sein – auch wenn Sie das Gefühl haben, so seriöser zu wirken. Gerade Rundfunkjournalisten tun Sie mit kurzen, einfach konstruierten Sätzen einen Riesengefallen; das erleichtert später das Kürzen.

Auch dem Hörer kommen Sie damit entgegen: Im Vergleich zum Zeitungsleser hat er ja keine Gelegenheit, einen Satz noch einmal zu lesen. Entweder er begreift ihn gleich – oder nimmermehr. Vermeiden Sie deshalb Schachtelsätze und andere komplizierte Konstruktionen. Das hilft Ihnen auch, sich nicht zu verheddern oder am Schluss eines langen Satzes den Anfang zu vergessen. Teilen Sie einen langen Satz lieber in drei kurze.

✓ Keine Panik bei Versprechern!

Wenn Sie sich zwischendurch versprechen – kein Problem. Der Rundfunkjournalist schneidet Versprecher am digitalen Schnittprogramm aus dem Satzfluss heraus, der Printkollege schreibt sie gar nicht erst hin. Nur, wenn Sie sich selbst ganz und gar verheddert haben, sollten Sie im eigenen Interesse noch mal mit dem Satz beginnen.

✓ Für Fernsehen und Radio

▶ Anworten Sie in ganzen Sätzen: Rundfunkjournalisten senden selten das komplette Interview über den Äther, sondern meist einen getexteten Beitrag, in den Ihre Zitate einfließen. Sie kommen ihnen entgegen, wenn Sie nicht nur knapp mit „Ja" oder „Nein" antworten, sondern in ganzen Sätzen. Fragt der Journalist also: „Wie viele Jugendliche besuchen Ihre Schule?" antworten Sie statt mit einem knappen „153" besser: „Unsere Schule hat 153 Schüler."

▶ Schlagen Sie bei Fernsehinterviews einen schönen Bildhintergrund vor, der zum Interview passt: beim Thema Mittagsbetreuung eine Spielecke, beim Thema Matheförderung eine Tafel mit Formeln, beim Thema Platzmangel ein enges Klassenzimmer.

▶ Lassen Sie den Reporter seine Frage stets zu Ende sprechen und heben Sie erst dann mit der Antwort an. Wenn sich Ihre Stimmen überlappen, hat Ihr Gegenüber später keine Chance mehr, seine Frage herauszuschneiden.

▶ Halten Sie keinen Respekt-Abstand zum Mikrofon, sondern gehen Sie etwa eine Handbreit nah heran. Noch näher auch nicht, weil dann beim Sprechen störende Nebengeräusche entstehen können.

▶ Schauen Sie bei Fernsehinterviews nicht in die Kamera wie zu einer Verkündigung, sondern ins Gesicht des Journalisten. Schon ein kurzer Blick Richtung Objektiv wirkt auf den Zuschauer höchst sonderbar!

9.3 Autorisieren von Interviews

Das Gespräch ist vorbei. Sie haben ein gutes Gefühl und glauben, sich und Ihre Schule von der Schokoladenseite präsentiert zu haben. Am nächsten Morgen schlagen Sie die Zeitung auf und erschrecken fürchterlich: Dort werden Sie mit Worten zitiert, die Sie zwar gesagt haben, aber doch so nicht gedruckt sehen wollten! Einige Ausführungen, die Ihnen besonders wichtig waren, sind aus dem Interview verschwunden. Und auf den Zusatz „Städtische" vor „Max-und Moritz-Realschule" hat man völlig verzichtet; dabei liegt auch er Ihnen sehr am Herzen. Ärgerlich – und oft gar keine böse Absicht des Redakteurs. Interviews werden fast immer geändert und gekürzt – schon, um „Ähs" und „Hms", Versprecher und Satzdreher zu glätten.

Nicht selten sind Interviewpartner enttäuscht, wenn sie das Gesagte schwarz auf weiß gedruckt sehen. Selbst wenn Zitate eins zu eins wiedergegeben sind, klingen die eigenen Worte auf dem Papier oft fremd und schlecht gewählt. Deshalb rate ich bei Interviews dringend, den Journalisten vor dem Abdruck um Autorisierung zu bitten. Darauf haben Sie ein Anrecht, das aus Ihrem Recht am eigenen, gesprochenen Wort erwächst. (Allerdings besteht kein Anrecht darauf, einen ganzen Artikel vorab zu lesen; mit dem Grundrecht der Pressefreiheit geht einher, dass die Redaktion den Artikel nach ihrer Vorstellung verfasst.)

Bei Prominenten-Interviews in Magazinen ist es sogar üblich, dass die Stars sich vorher schriftlich zusagen lassen, das Interview noch einmal lesen zu dürfen. „Autorisieren" nennt man das – und dieses Recht steht auch Ihnen zu. Dass Sie das Interview vor Abdruck lesen wollen, müssen sie allerdings vorher anmelden. Das Recht auf Vorabansicht besteht auch bei einzelnen Zitaten, die in einen Artikel einfließen sollen. Journalisten reagieren bisweilen empfindlich auf die Bitte um Autorisierung, weil sie mangelndes Vertrauen dahinter wittern. Gehen Sie deshalb dezent und höflich vor – schließlich wollen Sie auch in Zukunft wieder mit der Redaktion zusammenarbeiten. Führen Sie als Argument für eine Autorisierung zum Beispiel ins Feld, dass Sie so ungehemmter sprechen können. Das kommt auch dem Journalisten zupass.

Lassen Sie sich das zum Abdruck bestimmte Interview mailen oder faxen und nur im Notfall am Telefon vortragen. Beim Lesen behält man leichter den Überblick als beim Zuhören. Schicken Sie Ihre Änderungswünsche so schnell wie möglich zurück. Das Interview soll wahrscheinlich noch am selben Nachmittag in Druck gehen; für Journalisten ist es eine böse Nervenprobe, kurz vor Redaktionsschluss noch eine Autorisierung abwarten zu müssen.

Übrigens. Als Ultima Ratio, falls Ihnen das Interview wirklich entglitten ist, können Sie Ihre Einwilligung zum Abdruck komplett zurücknehmen. Das sollten Sie aber nur im Notfall tun. Die Zusammenarbeit mit der Redaktion dürfte dann auf längere Zeit getrübt sein.

10 Sponsoring

Ohne die Unterstützung von Sponsoren kommen viele Schulen heute nicht mehr aus. In Zeiten öffentlicher Sparwut springen Unternehmen ein, wenn die Finanzierung von Computern, Möbeln oder ganzen Projekten wackelt. Auch für sie lohnt sich das. Ziele können sein: bekannter zu werden, das Image zu polieren, Kontakt zu bestimmten Zielgruppen zu pflegen, gesellschaftliche Verantwortung zu demonstrieren. Gerade bei Schulen hoffen viele Firmen zudem, langfristig Nachwuchs für sich oder ihre Branche anzuwerben.

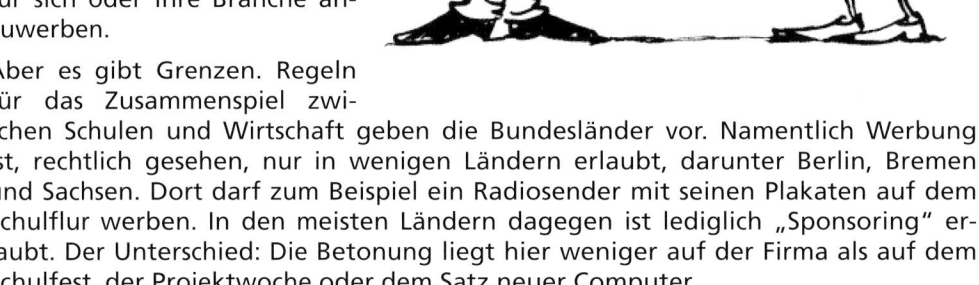

Aber es gibt Grenzen. Regeln für das Zusammenspiel zwischen Schulen und Wirtschaft geben die Bundesländer vor. Namentlich Werbung ist, rechtlich gesehen, nur in wenigen Ländern erlaubt, darunter Berlin, Bremen und Sachsen. Dort darf zum Beispiel ein Radiosender mit seinen Plakaten auf dem Schulflur werben. In den meisten Ländern dagegen ist lediglich „Sponsoring" erlaubt. Der Unterschied: Die Betonung liegt hier weniger auf der Firma als auf dem Schulfest, der Projektwoche oder dem Satz neuer Computer.

Tipp zum Weiterlesen

Dieter Pflaum, Ferdinand Bäuerle, Karen Laubach: Lexikon der Werbung. Verlag Moderne Industrie, München 2002, S. 476

Doch es müssen nicht immer Geld- oder Sachmittel sein, mit denen Schulen sich unter die Arme greifen lassen. Manchmal wird einfach Fachwissen gespendet: Die gemeinnützige Stiftung eines großen Automobilkonzerns half jüngst einem Münchner Gymnasium bei der schwierigen Wandlung zur Ganztagsschule. Andere denkbare Verbindungen: Eine Gartenbaufirma berät bei der Gestaltung des Schulgartens, eine Computerfirma lernt den Systemadministrator an, eine Kunstakademie lädt Schüler zu Vorlesungen ein.

10.1 Ihr Acht-Stufen-Plan zum Sponsoring

Aber was tun, um Gönner zu finden? Sponsoren sollen der Schule Geld, Zeit oder Fachwissen widmen – da erwarten sie, dass man sich um sie bemüht. Serienbriefe an beliebig ausgewählte Unternehmen mit der plumpen Bitte um Geld sind daher tabu. Stattdessen empfiehlt es sich, systematisch vorzugehen. Beherzigen Sie folgenden Acht-Stufen-Plan.

▶ **Schritt 1:** Stimmen Sie zunächst mit Kollegen und Eltern ab, ob Sponsoring überhaupt gewünscht wird – sonst wird viel Arbeit am Ende mit Undank belohnt. Ein positiver Nebeneffekt der Absprachen: Väter, Mütter und Kollegen machen sich selbst Gedanken über Sponsoring und können vielleicht wertvolle Ideen oder Kontakte beisteuern.

▶ **Schritt 2:** Unternehmen werden heute von Sponsoringanfragen bombardiert. Auf keinen Fall können Sie sich mit der pauschalen Bitte um „ein bisschen Sponsoring" an Firmen wenden. Überlegen Sie stattdessen, welcher Bereich an Ihrer Schule Sponsoring vertragen könnte: der blumenlose Schulgarten? Das angestaubte Physik-Labor? Ein anstehendes Projekt? Mit einer konkreten Angabe bleibt das Engagement für das Unternehmen überschaubar und wirkt nicht wie ein Fass ohne Boden.

▶ **Schritt 3:** Finden Sie heraus, welche Firmen helfen und davon auch einen Nutzen haben könnten. Das dürften im Regelfall Mittelständler sein, die im Umfeld der Schule wirtschaftliche Ziele verfolgen, thematisch mit dem Projekt oder dem Schulprofil verbunden sind oder spezielles Fachwissen einbringen können. Ein Sportartikelhersteller wird in der Regel lieber eine Sport-Realschule unterstützen als ein musisches Gymnasium. Anknüpfungspunkte lassen sich auf der Internetseite des potenziellen Spenders recherchieren. Sehen Sie sich die Produkte der potenziellen Gönner genau an; die Zusammenarbeit mit Zigarettenherstellern oder Brauereien verbietet sich schon rechtlich.

▶ **Schritt 4:** Recherchieren Sie einen Namen in der Firma: Wer entscheidet über gemeinnützige Zuwendungen? Sie wollen Geld oder Sachmittel von diesem Unternehmen – machen Sie sich die Mühe, den Namen des zuständigen Mitarbeiters herauszufinden. Große Konzerne haben oft eigene Stiftungen, die sich um ihr soziales Engagement kümmern.

▶ **Schritt 5:** Beschreiben Sie das Projekt oder den Unterstützung bedürfenden Bereich schriftlich:

- Was ist sein Inhalt?

- Welche und wie viele Schüler profitieren von der Spende?

- Was steckt die Schule selbst in das Projekt – zum Beispiel Unterrichtsstunden, Sachmittel etc.?

- Auf welchen Zeitraum ist es angelegt?

- Wie gedenkt sich die Schule bei der Firma zu revanchieren? Zum Beispiel mit einer Meldung im Jahresbericht, einer Plakette im Pausenhof, einem Artikel auf der Internetseite der Schule – oder vielleicht mit einer akrobatischen Darbietung der Zirkus-AG beim kommenden Betriebs-Sommerfest? Freilich darf das Wirken der Firma in keiner Weise den Unterricht berühren; die Stundenpläne obliegen den Kultusministerien.

- Fügen Sie, falls schon vorhanden, ein Foto bei, eine Schülerzeichnung oder etwas anderes, das das Projekt hübsch illustriert. Der potenzielle Sponsor soll sich buchstäblich ein Bild machen können.

- Sollte schon einmal ein Artikel in der Presse erschienen sein – legen Sie ihn unbedingt bei.

- Schreiben Sie dazu, warum Sie gerade diese eine Firma als Sponsor gewinnen wollen. Zum Beispiel: Ihre Schule hat eine mathematisch-naturwissenschaftliche Ausrichtung und wendet sich deshalb an ein Autohaus. Gerade im Kindesalter ist gesunde Ernährung ein wichtiges Thema an der Schule, daher sucht die Grundschule Kontakt zum örtlichen Lebensmittelmarkt.

- Aber: Überfrachten Sie die Projektbeschreibung nicht. Sie sollte auf eine oder zwei Seiten passen. Zusätzliche Informationen – wie Bilder und Zeitungsartikel – liefern Sie auf weiteren Seiten mit.

▶ **Schritt 6:** Verzichten Sie im Brief auf Wendungen wie „als großer Konzern/erfolgreicher mittelständischer Betrieb ist es ja geradezu Ihre Pflicht ...“ Schicken Sie lieber einen wirklich netten Brief samt Projektbeschreibung und Telefonnummer an den recherchierten Ansprechpartner. Den Brief können Sie natürlich, individuell abgeändert, an mehrere Firmen schicken. Beschicken Sie pro Unternehmen aber jeweils nur eine Person, nicht mehrere – das sorgt für Verwirrung und schmälert Ihre Chancen.

Tipp 1: Auch Sponsoringgelder müssen versteuert werden – es sei denn, Sie fließen an einen Förderverein. Die Schule tut deshalb gut daran, einen solchen zu gründen.

Tipp 2: Viele Sponsoring- und Fundraising-Agenturen bieten mittlerweile auch spezielle Konzepte für Schulen feil. Unter anderem übernehmen sie die aufwendige Sponsorensuche. Das kann viel Mühe sparen, kostet aber Geld. Ob die Relation stimmt, kann nur die Prüfung einzelner Angebote zeigen.

Tipp 3: Weiterführende Informationen zum Thema Sponsoring gibt es in dem Buch „Sponsoring-Guide – Wer sponsert was?“ von Eusebia de Pol, Schäffer-Poeschel: Stuttgart 2004.

Außerdem könnten folgende Institutionen weiterhelfen:

▶ Fachverband für Sponsoring und Sonderwerbeformen e.V. (FASPO), Brooktorkai 1, 20457 Hamburg, Telefon 040/60950833, www.faspo.de

▶ Arbeitskreis Kultursponsoring (AKS), Haus der Deutschen Wirtschaft, 11053 Berlin, Telefon 030/20281497, www.aks-online.org

▶ **Schritt 7:** Warten Sie eineinhalb Wochen ab – und haken Sie, freundlichst, am Telefon nach. Aber nicht drängeln.

▶ **Schritt 8:** Wenn Sie das Unternehmen als Sponsor gewinnen konnten – zeigen Sie sich erkenntlich: Dass Sie zur Eröffnungsfeier des mit Firmenmitteln renovierten Schulgartens auch einige Abgesandte des Sponsors einladen, ist selbstverständlich. Beim Besuch sollte das Unternehmen vorfinden, was ihm vormals versprochen wurde, z. B. sein Firmenlogo auf einer Plakette im Schulgarten etc. Informieren Sie die Firma zudem über das laufende Projekt und schicken Sie abschließend eine Dokumentation – mit Fotos, Schülerzitaten und immer wieder dem Namen des Sponsors. So halten Sie sich auch in Zukunft Chancen offen.

10.2 Sponsoring und die Medien

Freilich wird ein Unternehmen, das mit seiner Spende in der Zeitung erwähnt wird, die Schule künftig umso lieber unterstützen. Viele Schulleiter wünschen sich deshalb, dass die Medien über das Engagement der Firmen berichten – und erklären der Redaktion am Telefon freimütig: „Wir brauchen PR als Dankeschön für einen Sponsor." Dieser Wunsch ist zwar verständlich, darf aber auf keinen Fall die Formel sein, mit der Sie sich an die Presse wenden! Solche Sätze müssen Sie sich unbedingt verkneifen – die Zeitung fühlt sich sonst als Werbeagentur missbraucht.

Gehen Sie dezenter vor. Stellen Sie ein Projekt in den Vordergrund. Und weisen Sie an nicht allzu prominenter Stelle – etwa in der Mitte der Pressemitteilung – darauf hin, dass das fragliche Projekt mit den Spenden einer Firma finanziert wird. Beschreiben Sie die Leistung der Firma nicht in allzu schillernden Farben à la: „Dank einer überaus großzügigen Spende der von uns sehr geschätzten Firma ..." Das ist Werbesprache und klingt, als hätten Sie sich von dem Unternehmen fest um den Finger wickeln lassen.

Bleiben Sie stattdessen sachlich: „Geldnot hätte das Projekt beinah verhindert – wäre nicht die Firma ... als Sponsor aufgetaucht." Mit diesem schlichten Satz machen Sie klar, dass es das Projekt ohne den Sponsor einfach nicht geben würde – und die Firma deshalb im Artikel aufscheinen sollte. Allerdings: Je renommierter die Zeitung, desto sparsamer wird sie den Namen des Sponsoren im Artikel einstreuen. Ein-, vielleicht zweimal könnte sein Titel fallen – vielleicht öfter, wenn die Spende entsprechend spektakulär ausfällt.

Noch eine dringende Bitte: Lassen Sie sich nicht von Firmen als PR-Esel instrumentalisieren! Unternehmen schmücken sich besonders gern mit dem frischen Image von Schulen. Als Gönner einer Bildungsstätte im redaktionellen Teil einer Zeitung zu glänzen, ist für Firmen mehr wert als jede Anzeige. Manchmal treibt das unschöne Blüten. Nicht selten ist es mir passiert, dass Schulen in der Redaktion anriefen mit der Bitte: „Die Firma XY bleibt nur unser Sponsor, wenn darüber in der Presse geschrieben wird." Mit einem solchen Satz zeigen Sie, dass Sie sich von der Firma gnadenlos ausnutzen lassen.

Machen Sie Firmen gegenüber grundsätzlich keine Versprechungen, die Sie nicht halten können. So vermeiden Sie es, den Sponsoren zu enttäuschen – und wirken der Zeitung gegenüber nicht wie ein PR-Instrument. Sie können Ihren Sponsoren an einer Spendertafel an der Schule nennen, ihn im Jahrbuch preisen und sich mit professioneller Öffentlichkeitsarbeit um Medienberichte bemühen. Aber Sie können keine Garantie geben, dass tatsächlich ein Artikel erscheint.

11 Zwist mit den Medien

Die Schule steht in der Zeitung – aber Ihre Freude ist gebremst. Denn der Inhalt ist stellenweise falsch, Ihre Zitate sind entstellt und Sie dürsten nach Wiedergutmachung. Was tun? Die Pressefreiheit hat im deutschen Rechtssystem einen recht prominenten Rang. In Artikel 5, Absatz 1 des Grundgesetzes heißt es:

> Jeder hat das Recht, seine Meinung in Wort, Schrift und Bild frei zu äußern und zu verbreiten und sich aus allgemein zugänglichen Quellen ungehindert zu unterrichten. Die Pressefreiheit und die Freiheit der Berichterstattung durch Rundfunk und Film werden gewährleistet. Eine Zensur findet nicht statt.

Trotzdem müssen Sie nicht jegliche Berichterstattung klaglos über sich ergehen lassen. Schon in Satz 2 des Artikels 5 folgt der Satz: „Diese Rechte finden ihre Schranken in den Vorschriften der allgemeinen Gesetze, den gesetzlichen Bestimmungen zum Schutze der Jugend und in dem Recht der persönlichen Ehre." Für Journalisten heißt das: Sie dürfen sehr wohl frei berichten – müssen aber stets achtgeben, dass die Pressefreiheit nicht mit anderen wichtigen Rechten kollidiert.

11.1 Wider die Eskalation

Bevor Sie ein Anwaltsschreiben zur Post tragen, prüfen sie zur Sicherheit vier Dinge:

▶ **Erstens:** Lag der Fehler am Ende bei Ihnen? Könnte sich in die Pressemitteilung ein Fehler geschlichen haben? Mit einer einfachen Prüfung ersparen Sie sich unter Umständen eine peinliche Situation.

▶ **Zweitens:** Bitten Sie Freunde, Familienmitglieder oder Kollegen um ihre Meinung: Empfinden sie ähnlich über den erschienenen Artikel? Halten sie eine Darstellung auch für eindeutig falsch – oder verstehen sie den Inhalt ganz anders? Ich halte es für wichtig, Dritte zu befragen, weil sie einen Artikel oft objektiver einzuschätzen vermögen. Vielleicht sagt Ihr Kollege: „Aber das stimmt doch, was er schreibt."

▶ **Drittens:** Prüfen Sie auch, ob eine Korrektur Ihnen wirklich nutzt. Die meisten Leser haben den negativen Artikel vielleicht schon vergessen – ist es wirklich sinnvoll, alles wieder aufzuwärmen?

▶ **Viertens:** Es kann sich lohnen, über Alternativen zur Gegendarstellung nachzudenken. Höchstwahrscheinlich wollen Sie auch in Zukunft noch mit der Zeitung zusammenarbeiten – und diese wird, nachdem Sie einmal auf einer Gegendarstellung bestanden haben, wohl zögernder auf Ihre Themenvorschläge eingehen. Suchen Sie deshalb zunächst das Gespräch mit der Redaktion. Vielleicht ist dem Redakteur die ganze Sache hochpeinlich. Machen Sie Vorschläge, wie sich das Problem aus der Welt schaffen ließe – auch ohne Gegendarstellung. Als Alternative ist zum Beispiel ein ausführlicher Leserbrief denkbar, in dem Sie Ihre Meinung darstellen. Oder ein weiterer Artikel, in dem die Redaktion den Fehler anspricht und die Sachlage korrekt darstellt.

11.2 Gegendarstellung

Mit einer sogenannten „Gegendarstellung" können Sie sich gegen Tatsachenbehauptungen in den Medien, die aus Ihrer Sicht falsch sind, wehren. Zu finden ist der Anspruch in den Pressegesetzen der Länder (in Bayern, Berlin und Hessen in § 10, in allen anderen Bundesländern in § 11), den Landesmediengesetzen, den Rundfunkstaatsverträgen und dem MdStV (Mediendienste-Staatsvertrag). Die Gegendarstellung ist recht flott durchzusetzen – sie bedarf keines Klageverfahrens, sondern nur einer einstweiligen Verfügung. Indem Anspruchsteller schnell auf Berichte reagieren können, soll eine Art „Waffengleichheit" mit den Medien geschaffen werden.

Gegendarstellungen können sich nur gegen Tatsachenbehauptungen richten, niemals gegen Meinungsäußerungen. Auch die Gegendarstellung selbst darf nur mit Tatsachen aufwarten. Ihr Inhalt muss dabei nicht der Wahrheit entsprechen.

Beispiel für die Formulierung:

Gegendarstellung

In der Hamburger Morgenpost vom .... wird folgende Behauptung aufgestellt: ....

Dies ist falsch. Richtig ist: ....

Ort, Datum

Unterschrift

Um eine Gegendarstellung durchzusetzen, müssen Sie einige formale Kriterien unbedingt einhalten:

▶ Der Unterzeichner der Gegendarstellung muss von der Nachricht, gegen die er sich richtet, auch betroffen sein.

▶ Dem verantwortlichen Redakteur, Verleger oder Sender muss eine abdruckfertige Gegendarstellung zugeleitet werden.

▶ Die Gegendarstellung muss dem Medium in Schriftform, von Hand unterzeichnet und im Original zukommen – Fax oder E-Mail reichen nicht.

▶ Die Größe der Gegendarstellung muss angemessen sein, wobei hier keine konkrete Grenze festgelegt ist.

▶ Sie darf keine strafbaren Passagen beinhalten.

▶ Die Gegendarstellung muss dem Medium „unverzüglich" zugeleitet werden; in der Regel reicht es noch zwei bis drei Wochen nach Erscheinen des Textes, beim Rundfunk sogar bis zu drei Monate.

Im Anschreiben, das Sie mit der Gegendarstellung versenden, nennen Sie auch eine Frist, binnen derer die Redaktion darlegen soll, ob sie drucken wird. Läuft diese Frist ab, beantragen Sie bei Gericht eine einstweilige Verfügung.

Wenn Sie diese Formalitäten einhalten, hat die Redaktion nur noch eine Chance, die Gegendarstellung abzuwenden: Sie muss anhand von Dokumenten schleunigst nachweisen, dass sie recht hatte. Eine besondere Beweisaufnahme existiert in diesem Verfahren aber nicht.

Die Gegendarstellung muss an gleicher Stelle wie der vorangegangene Bericht erscheinen. Mit dem Abdruck räumt ein Medium allerdings noch lange nicht ein, einen Fehler begangen zu haben. Die Redaktion darf einen sogenannten „Redaktionsschwanz" anhängen, in dem sie wiederum die Gegendarstellung kommentiert. Außerdem kann sie den Hinweis zufügen: „Nach dem geltenden Pressegesetz sind wir verpflichtet, obige Gegendarstellung unabhängig von ihrem Wahrheitsgehalt abzudrucken."

11.3 Scharfes Geschütz

Rechtlich stehen Ihnen – über die Gegendarstellung hinaus – noch weitere Ansprüche zur Seite. Diese sind allerdings noch unangenehmer für die Redaktion, machen den Gerichtsweg nötig und sollten kein gängiges Mittel Ihrer Öffentlichkeitsarbeit werden. Kennen sollten Sie sie aber schon. Deshalb im Folgenden ganz knapp:

✓ Unterlassung

Nach einer Unterlassungsklage, einmal gerichtlich durchgesetzt, muss sich das Medium eine bestimmte Aussage in Zukunft verkneifen. Dazu muss der Anspruchsteller allerdings glaubhaft machen können, dass seine Rechte verletzt werden könnten – etwa durch einen unwahren oder schmähenden Artikel. (§§ 823, 1004 Abs. 1, 2 BGB)

✓ Widerruf oder Richtigstellung

Als besonders unangenehm empfinden Medien den Abdruck eines Widerrufs. Darin räumen sie vor den Lesern einen Fehler ein. Jedoch muss die Unwahrheit der verbreiteten Aussage feststehen. Bei der Klage liegt die Beweislast auf Seiten des Klägers; der Journalist muss seine Aussagen aber belegen können. (§ 1004 BGB)

✓ Schadensersatz

Wer schuldhaft fremde Rechte verletzt, muss für daraus entstandenen Schaden aufkommen – das gilt auch für die Medien. Aber: Der Schaden muss kausal mit dem Bericht verknüpft sein. Ein Schadensersatzanspruch besteht nicht, wenn der Bericht wahr ist und zugunsten berechtigter Interessen gedruckt wurde – etwa dem Informationsbedürfnis der Öffentlichkeit. (§ 823 BGB)

✓ Schmerzensgeld

Mit Schmerzensgeld kann immaterieller Schaden ersetzt werden. Der Anspruch setzt eine schwerwiegende Verletzung des Persönlichkeitsrechts voraus. Ob er durchgesetzt werden kann, hängt darüber hinaus vom Umfang der Verbreitung, der Tragweite der Interessens- oder Rufschädigung sowie dem Grad des Verschuldens ab. (§ 823 BGB)

Tipp zum Weiterlesen

Bölke, Dorothee: Presserecht für Journalisten. Freiheit und Grenzen der Wort- und Bildberichterstattung. dtv-Verlag: München 2005.

12 Krisenmanagement

Schlägereien auf dem Pausenhof, Schäden im Schulhaus-Ge-
bälk, eine blamable Platzierung
beim Jahrgangsstufentest: Auch
Schulen sind nicht gefeit vor negativen Schlagzeilen. Wer Öffentlichkeitsarbeit leistet, muss auf
diesen Fall vorbereitet sein. Dieses
Kapitel befasst sich deshalb mit
dem schaurigen Thema „Krisen-
management".

Widmen wir uns einem typischen
Krisenszenario: Auf Ihrem Pausenhof kam es zu einer üblen Schlä-
gerei zwischen zwei Schülercliquen; ein Mädchen wurde verletzt. Die Presse hat davon Wind gekriegt und behelligt Sie nun am Telefon.

✓ Gelassen bleiben, aber nicht gleichgültig!

Grundsätzlich gilt in einer solchen Situation: Gelassen bleiben, aber nicht gleichgül-
tig! Negative Meldungen gibt es so viel wie Kreide in der Schule; schon morgen
könnte die negative Schlagzeile über Ihr Gymnasium von Skandalmeldungen über
eine Firma, einen Politiker oder die Gemeindespitze überdeckt werden. Trotzdem
sollten Sie auf keinen Fall untätig bleiben und die unliebsame Angelegenheit aus-
sitzen. Einen Fehler verzeihen die Medien. Dass er vertuscht werden soll nicht.

✓ Nicht zu viel quatschen ...

Zeigen Sie sich deshalb kooperativ, aber nicht geschwätzig. Das heißt einerseits:
Plappern Sie nicht aufs Geratewohl drauf los. Lassen Sie sich nicht im Überschwang
der Gefühle zu einer Generalbeichte hinreißen. So provozieren Sie Drama-Schlag-
zeilen, die der Schule sehr schaden könnten. Außerdem vermitteln Sie so den Eindruck, die Situation nicht unter Kontrolle zu haben.

✓ ... aber auch nicht dicht machen

Andererseits: Verweigern Sie dem Journalisten auch nicht kategorisch jegliche Auskunft. Einen besonders schlechten Eindruck erwecken Bildungsstätten in Krisensituationen, wenn der Schulleiter erst gar nicht ans Telefon gehen mag und über

seine Sekretärin schnippisch verlautbaren lässt, er habe keine Zeit für ein kurzes Gespräch. Der Satz „Der Schulleiter wollte sich bislang nicht zu der Angelegenheit äußern" in einem Zeitungsartikel stellt die fragliche Schule in ein sehr schlechtes Licht. Bei den Lesern erweckt er das Gefühl: Da stimmt etwas nicht. Außerdem hat die Presse ein gesetzliches Recht auf Auskunft, um die Öffentlichkeit über mögliche Missstände informieren zu können.

✓ Stattdessen: Kooperationsbereitschaft signalisieren

Auch, wenn Sie sich angegriffen fühlen vom Anruf des Journalisten: Bleiben Sie am Telefon freundlich und ruhig. Sagen Sie etwas wie „Natürlich bekommen Sie diese Informationen." Das gibt dem Journalisten das wohlige Gefühl, dass Sie kooperationsbereit sind und er die gewünschten Informationen nicht auf anderem Wege recherchieren muss. Sagen Sie aber auch, dass Sie die Informationen nicht aus dem Bauch heraus geben können, sondern sie erst im Detail zusammentragen müssen. Erst dann können Sie dem Journalisten einen vollständigen und befriedigenden Bericht geben. Fragen Sie, bis wann er die Informationen spätestens braucht, und notieren Sie seinen Namen, das Medium, für das er arbeitet, seine Telefon- und Faxnummer sowie die E-Mail-Adresse. Wiederholen Sie diese Daten noch einmal. Verabschieden Sie sich für den Moment.

✓ Sich mit Kollegen besprechen

Dieses Verhalten verleiht Ihnen eine professionelle und seriöse Aura. Außerdem verschafft es Ihnen Zeit, sich mit den Kollegen abzusprechen: In jedem Fall mit dem Schulleiter, aber auch mit Kollegen, die mit dem Thema besser vertraut sind. Das ist im Falle eines Heizungsausfalls in einem klirrend kalten Wintermonat der Hausmeister, bei Schlägereien auf dem Pausenhof vielleicht die Schulsozialarbeiterin. Falls Angehörige der Schule mit dem Gesetz in Konflikt geraten sind, ist es freilich auch sinnvoll, sich mit der Polizei kurzzuschließen. Machen Sie sich ein möglichst umfassendes Bild von dem Schaden – immer vorausgesetzt, dass es überhaupt einen Schaden gibt.

✓ Sich auf einen Sprecher einigen

Verständigen Sie sich auf eine Person, über die von nun an alle Informationen an die Medien fließen; zum Beispiel der Schulleiter oder der Pressesprecher. Es ist besonders in Krisensituationen wichtig, dass die Schulgemeinschaft geschlossen auftritt, Ihre Öffentlichkeitsarbeit aus einem Guss ist und nicht widersprüchliche Informationen nach außen dringen. Schwören Sie darauf auch das Kollegium und den Elternbeirat ein.

✓ **Pünktlich zurückrufen und Verantwortung zeigen**

Formulieren Sie gemeinsam mit den Kollegen einige Stichpunkte, die Sie dem Journalisten weitergeben können. Rufen Sie ihn wirklich pünktlich zurück – wahrscheinlich muss er den Artikel noch am selben Tag schreiben. Geben Sie ihm ehrlich Auskunft über den Vorfall, ohne aber zu dramatisieren. Und: Machen Sie deutlich, dass Sie sich des Problems bewusst sind und alles, wirklich alles tun werden, um entstandenen Schaden zu begrenzen und künftigen zu vermeiden.

Gewalt an Ihrer Schule etwa werden Sie keinesfalls akzeptieren: Sie werden die Eltern der Missetäter zu Gesprächen laden, stehen bereits in engem Kontakt mit den Jugendbeamten der Polizei, arbeiten mit Schulpsychologen und Sozialarbeitern an einem Deeskalationskonzept für künftige Notfälle. Seien Sie ehrlich, aber bieten Sie dem Medienvertreter keine neue Steilvorlage für weitere Negativ-Schlagzeilen. Sagen Sie nicht: „Nun ja, das Streitschlichter-Programm an der Schule ist in letzter Zeit ein bisschen eingeschlafen", sondern kündigen Sie an: „In Zukunft bauen wir unser Streitschlichterprogramm noch weiter aus." Formulieren Sie Sätze möglichst positiv, aber stehen Sie zu negativen Inhalten, die sich nicht wegwischen lassen. Zeigen Sie dabei ruhig Ihre Bestürzung über den Vorfall – darüber, dass ausgerechnet an Ihrer Schule so etwas passieren konnte, wo sie doch sonst als so friedfertig bekannt ist.

Übrigens kommt es im Redaktionsalltag nicht selten vor, dass Eltern, Schüler oder sogar Lehrer sich mit Berichten über Missstände an einer Schule an die Presse wenden – freilich zumeist in der frommen Absicht, ein Problem publik zu machen und damit die Situation zu verbessern. Dem Image der Schule tut es aber besser, wenn Schulleiter oder Pressesprecher diese Informationen selbst herausrücken. Verschweigen Sie deshalb nichts: Die Medien finden es sonst möglicherweise auf Umwegen heraus.

✓ **Konkurrenzmedien informieren**

Apropos: Wenn eine Zeitung einen Misstand spitzbekommen hat und bereits recherchiert – treten Sie die Flucht nach vorn an und informieren Sie auch die Konkurrenzmedien. Damit können Sie in dieser Situation nur gewinnen: Die anderen Sender und Zeitungen würden die Schlagzeile sonst ohnehin nachziehen – nur vielleicht erst einen Tag später. Indem Sie sie von sich aus informieren, behalten Sie die Kontrolle über den Nachrichtenfluss in der Hand. Die Konkurrenzmedien sind Ihnen gesonnen, weil die andere Zeitung das Thema nicht exklusiv bekommt. Und in der Öffentlichkeit entsteht der Eindruck, Sie hätten den Missstand von sich aus zutage gebracht.

✓ **Sich erneut an die Medien wenden**

Wenden Sie sich einige Wochen oder sogar Monate später erneut und aus eigenem Antrieb an die Medien. Stellen Sie in einem Telefonat oder einer Pressemitteilung dar, welche Anstrengungen die Schule seit der Krise unternommen hat, um ihre Ursachen aufzuspüren und künftiges Ungemach zu vermeiden. So können Sie aus einer ursprünglich negativen Nachricht am Ende sogar noch einen positiven Bericht gewinnen.

Über die Autorin

Anja Christina Burkel, geboren 1975 in München, schreibt als Journalistin für zahlreiche Zeitungen und Zeitschriften – am liebsten über Bildungsthemen. In der Münchner Lokalredaktion der Süddeutschen Zeitung verantwortete sie fünf Jahre lang das Ressort „Schüler und Schule" samt einer wöchentlichen Spezialseite.

Sie ist Absolventin der renommierten Deutschen Journalistenschule und Diplom-Journalistin; Stationen ihrer Ausbildung führten sie unter anderem zum ZDF, zur Deutschen Presse-Agentur und zur zentralen Pressestelle der Goethe-Institute.

Index

Index